Donald Davidson zur Einführung

Kathrin Glüer

Donald Davidson zur Einführung

JUNIUS

Wissenschaftlicher Beirat

Prof. Dr. Detlef Horster
Prof. Dr. Ekkehard Martens
Prof. Dr. Herbert Schnädelbach
Prof. Dr. Ralf Schnell
Dr. Christoph von Wolzogen
Prof. Dr. Jörg Zimmermann

Junius Verlag GmbH
Stresemannstraße 375
22761 Hamburg

© 1993 by Junius Verlag GmbH
Alle Rechte vorbehalten
Umschlaggestaltung: Johannes Hartmann
Titelfoto: Suhrkamp Verlag
Satz: Satz + Repro Kollektiv GmbH, Hamburg
Druck: SOAK GmbH, Hannover
Printed in Germany 1993
ISBN 3-88506-889-3
1. Auflage Oktober 1993

Die Deutsche Bibliothek - CIP-Einheitsaufnahme

Glüer, Kathrin:
Donald Davidson zur Einführung / Kathrin Glüer. - 1. Aufl. -
Hamburg : Junius-Verl., 1993 (Zur Einführung ; 89)
ISBN 3-88506-889-3
NE: GT

Inhalt

I.	Einleitung	7
II.	Radikale Interpretation: Donald Davidsons Sprachphilosophie	13
	1. Die Grundfrage	13
	2. Wahrheit und Interpretation	18
	3. Radikale Interpretation	39
III.	Das »Principle of Charity«	63
	1. Das Prinzip der Wahrheitsunterstellung	65
	2. Die Prinzipien der Konsistenzunterstellung	67
	3. Ein weiter Interpretationsbegriff	78
IV.	Davidsons Handlungstheorie	81
	1. Handlungen, Gründe und Ursachen	81
	2. Gründe sind Ursachen	86
	Exkurs: Die logische Form von Handlungssätzen und Davidsons Ereignisontologie	91
	3. Vereinigte Handlungs- und Bedeutungstheorie	120
V.	Sprache und Welt: Davidsons ›Neuer Antisubjektivismus‹	121

VI. Anomaler Monismus: Identitätstheorie
von Geist und Materie 135

    1. Anomaler Monismus 135
    2. Supervenienz 142

Bezüge und Übergänge —
Ein Interview mit Donald Davidson 153

Anhang

Anmerkungen 179
Literaturhinweise 199
Glossar sprachanalytischer Fachtermini 207
Zeittafel 210
Über die Autorin 211

I. Einleitung

> »Es gibt nichts Einzelnes
> in der Sprache, jedes ihrer
> Elemente kündigt sich nur
> als Teil eines Ganzen an.«[1]

Als Donald Davidsons Essaysammlung *Inquiries into Truth and Interpretation* 1984 erschien, kommentierte Ian Hacking in der *New York Review of Books*: »Es gibt heute keinen kreativeren oder systematischeren Philosophen in Amerika.«[2] Davidson hat in den letzten zwanzig Jahren ein beeindruckendes Gebäude ineinander verwobener Theorien errichtet, Theorien, deren Gesamtheit häufig das ›Davidson-Programm‹ genannt wird. Zusammen konstituieren sie ein ganz spezifisch Davidsonsches Bild — nicht nur von der Philosophie, sondern vielmehr von deren eigentlichstem Gegenstand: dem Menschen in seiner Welt. Sie liefern Antworten auf Fragen aus nahezu allen Gebieten theoretischer Philosophie, ganz gleich, ob diese Fragen so alt wie die Philosophie selbst oder erst im Kontext analytischer Philosophie entstanden sind.

In der englischsprachigen Welt gilt Davidson unumstritten als eine der dominanten Figuren analytischer Philosophie. Dabei hat sich das Interesse an seiner Philosophie in den letzten Jahren durchaus gewandelt. Abgesehen vielleicht von Arbeiten zur logischen Form, wendet es sich nunmehr weniger dem programmatischen Anspruch des Davidsonschen Werkes, den es zu erfüllen gälte, als vielmehr seinen individuellen epistemologischen, sprach- oder geistesphilosophischen Thesen zu. Auch Andersdenkende sehen sich dabei genötigt, ihre eigenen Positionen in Opposition zu und Abgrenzung von Davidsons Behauptungen zu formulieren.

Demgegenüber hat es sehr lange gedauert, bis auch in Deutschland eine weitere Rezeption einzusetzen begann; noch vor wenigen Jahren beschränkte sich hier die Diskussion auf die esoterischen Kreise analytischer ›Freaks‹. Zugegeben, der Zugang zu dieser Philosophie wird durch den Charakter des Davidsonschen Œuvres selbst erschwert. Der Leser ist mit einer Vielzahl verstreuter Aufsätze konfrontiert, von denen kaum einer mehr als 25 Seiten zählt. Obwohl in blendendem Stil verfaßt, witzig und konzise, können seine Schriften zudem kaum als exoterisch charakterisiert werden. Wie die verschiedenen Teile seiner Theorien hängen sie alle mehr oder weniger eng zusammen; keine wird ohne die anderen voll verständlich.

Eine der wesentlichsten Aufgaben einer Einführung in Davidsons Philosophie besteht damit darin, vor den Augen des Lesers gleichsam eine Landkarte zu entfalten, mit deren Hilfe er Zugang findet zu dem, was ihm als Labyrinth erscheinen muß, und Orientierung zu bieten in der kompromißlosen Architektur dieses Theoriegebäudes mit seinen vielfältigen Querverbindungen.

Trotz starker vereinheitlichender Tendenzen im Davidsonschen Werk bleibt die Diskussion überwiegend auf je einen seiner Aspekte fokussiert. Fast gewinnt man den Eindruck, es gebe eigentlich *zwei* sauber voneinander separierbare Davidsons: den Sprachphilosophen und den Handlungstheoretiker. Eine solche Auffassung ist jedoch zu einfach und muß zu Mißverständnissen führen. Ich werde hier versuchen, das ›Davidson-Programm‹ in seiner systematischen Einheit zu präsentieren, ohne dabei aber Spannungen zu verwischen, die zwischen einzelnen Teilen auftreten mögen. Zu diesem Zweck werde ich einen *weiten Begriff der Interpretation* entwickeln, der das Verstehen sprachlicher Äußerungen und die Erklärung nonverbalen Handelns zu einem einzigen Projekt integriert: einer Hermeneutik intelligenten Verhaltens. Dieser Begriff der Interpretation wird uns als Ariadnefaden dienen.

Davidsons Hermeneutik *hat* zwei Seiten, jedoch weniger eine sprach- und eine handlungstheoretische als vielmehr eine formale und eine empirische. Davidson versucht, Interpretation theoretisch zu beschreiben. Seine Interpretationstheorie ist ein von Alfred Tarski entlehnter formaler Apparat, der uns zeigen soll, was Bedeutung ist. Doch zugleich deutet Davidson sie als empirische Theorie und gerät in ein grundsätzliches Dilemma: Die Daten, die eine solche Theorie stützen, sind keine anderen als die, auf deren Grundlage handelnden Personen Überzeugungen, Wünsche und Handlungsabsichten zugeschrieben werden. Nonverbales Handeln wiederum kann nur unter Rekurs auf Handlungsabsichten erklärt werden. Die Interpretationstheorie wird so zum formalen Rückgrat des gesamten ›Davidson-Programms‹.

Aufgrund dieser Überlegungen beginne ich mit dem formalen Aspekt, also mit Davidsons Ausgangsfrage: Wie kann linguistische Kompetenz theoretisch beschrieben werden? Dann aber werde ich mich nicht mehr strikt an diese Trennung halten, sondern die Davidsonschen Gedanken in ihrem systematischen Zusammenhang verfolgen. Die historische Entwicklung dieser Philosophie wird dabei keine wesentliche Rolle spielen — soweit es der limitierte Rahmen dieser Einführung gestattet, werde ich jedoch wichtige Revisionen und Brüche kennzeichnen. Davidsons Denken ist vor allem von Willard Van Orman Quine geprägt worden. Sein Geist ist spürbar in jedem der Davidsonschen Essays, ihm ist die Sammlung *Inquiries into Truth and Interpretation* gewidmet mit den Worten »without whom not«. Doch Davidson steht auf eigenen Füßen und kann unabhängig von Quine verstanden werden. Etwas anders stellt sich die Situation jedoch bei Tarski dar; seine Arbeiten setzt Davidson über weite Strecken als bekannt voraus. Ihre Grundgedanken müssen daher erläutert werden.

Im zweiten Kapitel geht es um Davidsons Sprachphilosophie. Im Anschluß an eine Darstellung der Ausgangsfrage dieser Philosophie werde ich kurz auf Tarskis Projekt einer Wahrheitsdefinition für formalisierte Sprachen eingehen. Die Modifikationen, die Davidson an Tarskis theoretischem Apparat vornimmt, um ihn als Bedeutungstheorie natürlicher Sprachen zu verwenden, werden erläutert, Probleme und Limitationen dieser semantischen Wendung Tarskischer Theorien diskutiert. Es zeigt sich, daß formale Kriterien allein nicht hinreichen, um eine erfolgreiche Beschreibung linguistischer Kompetenz zu kennzeichnen; dies gelingt laut Davidson nur dann, wenn sie empirisch gedeutet wird. Im Gedankenexperiment radikaler Interpretation wird eine paradigmatische Situation sprachlichen Verstehens konzipiert, an der sich eine Interpretationstheorie bewähren muß: Sie muß einem ›Feldlinguisten‹ alle Informationen zum Verständnis einer radikal fremden Sprache liefern.

Das dritte Kapitel beschäftigt sich detaillierter mit dem *Principle of Charity*, das in radikaler Interpretation als notwendige Voraussetzung allen sprachlichen Verstehens ausgewiesen werden soll. Ein weiter Interpretationsbegriff wird eingeführt, da es sich zeigt, daß radikale Interpretation nur gelingen kann, wenn die Interpretation nonverbalen Verhaltens in dieses Projekt integriert wird.

Das vierte Kapitel entfaltet Davidsons Handlungstheorie unter der Leitfrage, was es heißt, nonverbales Handeln zu interpretieren: Wie werden Handlungen beschrieben und erklärt? Davidson zufolge sind die konstitutiven Elemente von Handlungserklärungen genau die, die der radikale Interpret benötigt, um sein Projekt abzuschließen. Er vereinigt daher Handlungs- und Bedeutungstheorie in der ›Vereinigten Theorie‹ zu einer einzigen Interpretationstheorie für handelnde Personen.

In den letzten beiden Kapiteln werden von den vielfältigen Möglichkeiten, die Bedeutung der Davidsonschen Philosophie für traditionelle philosophische Fragen auszuloten, zwei näher vorgestellt, die durch die Stichworte ›Sprache und Welt‹ und ›Geist und Materie‹ umrissen sind. Gerade hier zeigt sich eine der fundamentalsten Spannungen in Davidsons Konstruktion: Während seine Interpretationsphilosophie ihn zur Abkehr noch vom letzten der sogenannten ›empiristischen Dogmen‹, dem Dualismus von Begriffsschema und Erfahrungsinhalt, führt, fundiert er seine Version einer Identitätstheorie von Geist und Materie, den Anomalen Monismus, auf eine beschreibungsunabhängige Ontologie partikularer Ereignisse.

Die Aufsätze Davidsons werden hier auf amerikanische Weise zitiert: Ich gebe im Text das Erscheinungsjahr und die Seitenzahl an. Alles weitere läßt sich dann unschwer im Literaturverzeichnis auffinden. Diese Angaben beziehen sich auf die englischen Originaltexte. Mittlerweile liegen auf deutsch drei Essaysammlungen von Davidson vor: *Handlung und Ereignis* (1985), *Wahrheit und Interpretation* (1986) und *Der Mythos des Subjektiven* (1993). Ich weiche von diesen Übersetzungen dort ab, wo ich andere terminologische Präferenzen habe.

Mein herzlicher Dank für ihre generöse Hilfe und Unterstützung gilt Herbert Schnädelbach, Akeel Bilgrami, Donald Davidson, Geert Keil, Susanne Lang, Karsten Stueber, Åsa Wikforss und Claudine Verheggen.

II. Radikale Interpretation:
Donald Davidsons Sprachphilosophie

1. Die Grundfrage

»Was heißt es, daß Worte bedeuten, was sie nun einmal bedeuten?« (ITI: xiii) Seit der Aufsatz »Truth and Meaning« 1967 erschien, hat Davidson in seinen Artikeln zur Sprachphilosophie diese Frage verfolgt, seine Position erweitert und verteidigt, aber auch korrigiert und verändert. Die Antwort darauf, so Davidson, ist zu finden, wenn wir untersuchen, was es heißt, die Äußerungen eines Sprechers zu verstehen. Die Frage nach der Bedeutung muß in ihrem primären Kontext gestellt werden, im alltäglichen Gebrauch von Sprache. Die Überlegung ist dabei folgende: Was ein Wort bedeutet, weiß, wer es versteht. Nun versteht im normalen Sprachgebrauch aber niemand isolierte Worte; was wir verstehen, sind Äußerungen, und geäußert werden Sätze. Interpretieren wir also die Frage nach der Bedeutung als Frage nach dem Verstehen sprachlicher Äußerungen im Rahmen alltäglicher Kommunikation, erscheint die Bedeutung der Wörter als derivativ gegenüber der Bedeutung bzw. dem Verstehen von Äußerungen. Äußerungen sind dadurch charakterisiert, daß ihr Verstehen situations- und sprecherbezogen ist. Wer Verstehen theoretisch erfassen will, muß dieser Kontext- und Sprecherbezogenheit Rechnung tragen. Könnten wir nun beschreiben, was jemand weiß, der die Äußerungen der Sprecher einer Sprache versteht, dann wüßten wir, »was es heißt, daß

Worte« — jedenfalls Worte dieser Sprache — »bedeuten, was sie bedeuten«.

Wollen wir der Davidsonschen Semantik folgen, müssen wir die Frage nach der Bedeutung so radikal wie möglich stellen. Was bedeutet es, sprachliche Äußerungen zu verstehen? Worin besteht die sogenannte ›linguistische Kompetenz‹? Für diesen Zusammenhang ist Davidsons Essay »Radical Interpretation« (1973a) zentral. Dieser beginnt wie folgt: »Kurt äußert die Worte ›It is raining‹ [im Original dt.], und unter den richtigen Umständen wissen wir, daß er gesagt hat, daß es regnet. Da wir seine Äußerung als intentionale und sprachliche erkannt haben, können wir weitermachen und seine Worte interpretieren: wir können sagen, was seine Worte bei dieser Gelegenheit bedeuten. Was können wir wissen, das uns dazu befähigt? Wie können wir dahin kommen, es zu wissen?« (1973a: 125).

Verstehen wird hier als Interpretation beschrieben: »Was für mein Argument wesentlich ist, ist der Begriff eines Interpreten, einer Person, die die Äußerungen eines anderen versteht« (1975: 157). Dieser Satz, der gut das Motto aller sprachphilosophischen Essays Davidsons bilden könnte, führt die Hauptfigur dieser Philosophie ein, den Interpreten. Er wird als prototypischer Teilnehmer alltäglicher Diskurse konzipiert, ausgezeichnet allein durch die Fähigkeit, die Äußerungen beispielsweise jenes Sprechers zu verstehen, der uns Auskünfte über das Wetter erteilt. Davidsons Interpret ist ein Hermeneut wörtlicher Rede. Interpretation bezeichnet bei Davidson den Akt des Verstehens, nicht mehr — aber auch nicht weniger. Nach seiner Hauptfigur benennt Davidson auch die Theorie, die er sucht: eine theoretische Beschreibung der Kompetenz eines Interpreten, im wahrsten Sinne des Wortes ›Sinn zu machen‹ aus den Äußerungen anderer, nennt er eine *Interpretationstheorie*. Ihre Aufgabe beschreibt er so: »Ihr Gegenstand ist das Verhalten eines Sprechers oder mehrerer Sprecher, und sie gibt an, was bestimmte Äußerungen der Sprecher bedeuten« (1974a: 142).

Hier ist terminologischen Unklarheiten vorzubeugen: Davidson spricht sowohl von ›theory of interpretation‹ als auch von ›theory of meaning‹. ›Bedeutungstheorie‹ ist dabei der herkömmlichere Terminus; er bezeichnet in seinem weiteren Sinne eine philosophische Disziplin: all jene theoretischen Überlegungen, deren Gegenstand sprachliche Bedeutung ist. Zweifellos fällt Davidsons Interpretationstheorie in diesen Bereich. Es handelt sich dabei jedoch um eine spezifische Art systematischer Beschreibung linguistischer Kompetenz, eine Theorie in einem wesentlich engeren Sinne. Sie besteht aus einer Anzahl axiomatischer Sätze und Schlußregeln, mit deren Hilfe ein Input von Äußerungen zu einem Output von Interpretationen verarbeitet werden kann: »Man kann sich dieses System als Maschine vorstellen, die, wenn sie mit einer willkürlich gewählten Äußerung (und bestimmten Parametern, die durch die Umstände der Äußerung gegeben sind) gefüttert wird, eine Interpretation produziert« (1986: 437). Mit einer solchen Interpretations-Maschine wird insofern ein Beitrag zur allgemeinen Bedeutungstheorie geleistet, als die Kenntnis eines solchen Mechanismus generelle Aussagen darüber erlaubt, was Bedeutung ist.

Aus einem weiteren Grunde ist Vorsicht geboten im Umgang mit dem Terminus ›Bedeutungstheorie‹ — auch wenn Davidson selbst seine Interpretationstheorie häufig als ›theory of meaning‹ bezeichnet, so hat er dem in früheren Aufsätzen nicht selten selbstironische Zusätze wie »in meinem etwas ausgefallenen Sinne« (1967: 24) angefügt. Eine Davidsonsche Interpretationstheorie bricht insofern mit einer bedeutungstheoretischen Tradition, als sie radikal bei Null anzusetzen versucht und insbesondere bezweifelt, daß zur Beschreibung linguistischer Kompetenz Bedeutungen im engeren Sinne überhaupt notwendig sind, das heißt abstrakte Entitäten, die Wörtern eindeutig zuzuordnen wären. Im folgenden werde ich daher ›Interpretationstheorie‹ als terminus technicus für eine Davidsonsche Interpretationsmaschine verwenden und ›Bedeutungstheorie‹ für die Disziplin.

Wenn Davidson über Bedeutung spricht, ist damit also das gemeint, was bestimmte Äußerungen bestimmter Sprecher zu bestimmten Zeitpunkten bedeuten. Charakteristischstes Merkmal solcher Bedeutungen ist ihre *prinzipielle Öffentlichkeit bzw. Intersubjektivität.* Davidson beschreibt Bedeutung von vornherein als das, was verstanden werden kann, das heißt dem Interpreten zugänglich ist. Aus der Öffentlichkeit der Bedeutung ergibt sich die volle Signifikanz der ›Perspektive des Interpreten‹: »Bedeutung kann nicht mehr als das sein, was eine angemessen ausgestattete Person lernen und beobachten kann; die Perspektive des Interpreten ist deshalb diejenige, aus der dieses Thema erhellend betrachtet werden kann« (1990: 78).

Das gilt insbesondere für die eigene Sprache; für Davidson beginnt Interpretation zu Hause. Auch wenn wir im Normalfall den Sinn einer Äußerung instantan erfassen, ohne irgendeine bewußte Interpretationsleistung zu erbringen, zeigt sich die Aufgabe einer Interpretationstheorie gerade in jenen Ausnahmefällen, wo Äußerungen plötzlich unverständlich erscheinen. Philosophisch interessant sind jene Fälle, in denen die Interpretation einer Äußerung ohne alle gewohnheitsmäßigen Abkürzungen von Grund auf neu erschlossen werden muß. Daß dieser Weg normalerweise nicht jedesmal tatsächlich beschritten werden muß, ist, so Davidson, bequem, aber unwesentlich. Sein Projekt ist es, die Kompetenz des Interpreten theoretisch zu beschreiben, eine Kompetenz, die sich im alltäglichen Sprechen manifestiert, ohne Gegenstand theoretischer Reflexion sein zu müssen. Wenn Davidson also am Ende des anfangs zitierten Auftakts zu ›Radical Interpretation‹ die die Theorie motivierenden Fragen formuliert: »Was können wir wissen, das uns dazu befähigt? Wie können wir dahin kommen, es zu wissen?«, ist der hypothetische Charakter dieser Fragen zu betonen. Sie sollen beantwortet werden durch die Konstruktion einer Theorie, die es ermöglicht, Verstehensakte gleichsam zu simulieren. Der Begriff des Wissens, den Davidson hier benutzt, bezieht sich auf die Kenntnis der Theorie: Die Kenntnis dessen, was die Theorie konstatiert, soll es ermöglichen, jede der Äußerungen eines Sprechers zu interpretieren — auch wenn der Interpret die Sprache des Sprechers nie zuvor gehört hat. Eine Theorie, die diese Bedingung erfüllt, soll im folgenden als ›*interpretativ*‹ bezeichnet werden. Es ist nicht erforderlich anzunehmen, ein alltäglicher Interpret kenne diese Theorie oder könne sie formulieren: »Es ist der Philosoph oder der Linguist, der diese bewußte und schwierige Aufgabe übernehmen mag« (Davidson und Koppelberg 1983, II: 23). Davidson geht es darum, das ›knowing how‹, das alltägliche Interpreten permanent beweisen, mit Hilfe einer Interpretationstheorie als ein ›knowing that‹ zu beschreiben — und das heißt in erster Linie, überhaupt zu bestimmen, welcher Art eine solche Theorie sein kann.

2. Wahrheit und Interpretation

Wahrheitskonditionale Semantik

Davidsons These lautet: *Eine empirisch gedeutete Wahrheitstheorie im Stile Tarskis kann als interpretative Theorie für eine natürliche Sprache L verwendet werden.* Diese semantische Wendung des als Beitrag zur Wahrheitstheorie intendierten Werkes Tarskis kann als einer seiner originellsten und einflußreichsten Beiträge zur Bedeutungstheorie gelten. Es sind dabei insbesondere drei Gedanken Gottlob Freges, die den Weg zur interpretativen Verwendung einer Tarskischen Wahrheitstheorie vorzeichnen: Der grundlegende Anstoß liegt in der Idee, die Bedeutung eines Satzes mit den Bedingungen, unter denen er wahr ist, in Verbindung zu bringen. Diese auf Frege zurückgehende Idee findet ihre explizite Formulierung erstmals in Wittgensteins *Tractatus*: »Einen Satz verstehen heißt, wissen was der Fall ist, wenn er wahr ist.«[1] Es gibt zwei prinzipielle Möglichkeiten, Bedeutung unter Rekurs auf Wahrheitsbedingungen zu fassen: Wahrheitskonditionale Semantiken oder Verifikationstheorien der Bedeutung. Alle Verifikationstheorien nehmen die Überprüfbarkeit der angenommenen Beziehung in Anspruch. Der stärksten Version zufolge versteht einen Satz, wer weiß, daß er wahr ist, schwächere Versionen binden Verstehen an Kenntnis von Verifikationsverfahren (so der Wiener Kreis und heute Michael Dummett) oder Akzeptabilitätsbedingungen (Putnam und Habermas). Danach versteht einen Satz, wer weiß, wie er verifiziert bzw. wann er als wahr akzeptiert wird.

Für Davidson hingegen heißt, einen Satz zu verstehen, zu wissen, unter welchen Bedingungen er wahr ist. Dafür brauche ich weder zu wissen, ob er wahr ist, noch, wie ich es feststelle, sondern muß vielmehr in der Lage sein, mir vorzustellen, was der Fall wäre, wäre er wahr (vgl. 1967: 24). Davidson vertritt also eine *wahrheitskonditionale Semantik*, und eine Interpretationstheorie ist dementsprechend eine Theorie, die für jeden Satz einer Sprache dessen Wahrheitsbedingungen spezifiziert.

Nun ist aber die Anzahl der Sätze einer (natürlichen) Sprache unendlich; eine Interpretationstheorie ist mit der Aufgabe konfrontiert, die Wahrheitsbedingungen einer infiniten Zahl sinnvoller Sätze zu spezifizieren. Die Theorie selber muß hingegen endlich sein, das heißt aus einer finiten Anzahl von Sätzen und Axiomen bestehen, denn ihre Kenntnis soll endlichen Wesen die Interpretation aller Sätze einer Sprache erlauben, das heißt auch derjenigen, die sie nie zuvor gehört haben. Dieses Problem ›finiter Axiomatisierung‹ ergibt sich, weil Davidson nach der Bedeutung von Sätzen bzw. Äußerungen fragt, deren Zahl im Gegensatz zu der der Worte einer Sprache infinit ist. Er nimmt damit von Beginn an die *semantische Priorität des Satzes* in Anspruch, die Frege in seinem berühmten *Kontextprinzip* formuliert hat: »[...] nach der Bedeutung der Wörter muss im Satzzusammenhange, nicht in ihrer Vereinzelung gefragt werden [...]«[2] Davidson erweitert die Geltung des Kontextprinzips auf den außersprachlichen Kontext von Äußerungen, denn die korrekte Interpretation einer Äußerung hängt beispielsweise davon ab, daß die Referenz deiktischer Ausdrücke kontextrelativ geklärt wird oder äquivoke Ausdrücke mit Bezug auf die Äußerungssituation desambiguiert werden. Eine Interpretationstheorie muß also genaugenommen die Wahrheitsbedingungen jeder möglichen bedeutungsvollen Äußerung einer Sprache L spezifizieren; für Davidson sind – auch wenn es ungewohnt klingt – die eigentlichen Wahrheitswertträger Äußerungen. Sie sind es, die je nach Kontext wahr oder falsch sind, und sie sind es auch, die interpretiert werden.

Doch das Kontextprinzip hat zwei Seiten; zwar verlagert es zum einen die semantische Priorität vom Wort auf den Satz oder die Äußerung, aber auf der anderen Seite gibt es eine Anweisung, wie nach der Bedeutung von Worten zu fragen ist. Frege verweist auf die Struktur der Sätze: »Der Satz aber besteht aus Teilen, die zum Ausdrucke des Sinnes des Satzes irgendwie beitragen müssen. Nehmen wir den Satz ›Der Aetna ist höher als der Vesuv‹. Wir haben hierin den Namen ›Aetna‹, der auch in anderen Sätzen vorkommt, z. B. in dem Satze ›Der Aetna ist in Sizilien‹. Die Möglichkeit für uns, Sätze zu verstehen, die wir noch nie gehört haben, beruht offenbar darauf, dass wir den Sinn eines Satzes aufbauen aus Teilen, die den Wörtern entsprechen.‹[3] Dieser Gedanke wird meist *Kompositionalitätsprinzip* genannt, und er weist in Richtung einer Lösung des Problems finiter Axiomatisierung: Sätze werden aus einer endlichen Zahl von Worten gebildet. Auch wenn die Bedeutung dieser Worte in Isolation unbestimmbar ist, leisten sie doch zweifellos einen systematischen Beitrag zur Bedeutung des Satzes. Es gilt, eine Theorie zu finden, die die Wahrheitsbedingungen der Äußerungen einer Sprache L in Abhängigkeit von der Struktur der geäußerten Sätze, das heißt ihrer Komposition aus bestimmten Worten, bestimmt.

An dieser Stelle greift Davidson Tarskis Überlegungen auf und behauptet, daß wir mit einer Wahrheitstheorie im Stile Tarskis eine Theorie haben, die unter geeigneten Modifikationen die erarbeiteten Bedingungen an eine interpretative Theorie für einen signifikanten Teil einer natürlichen Sprache erfüllt. Auf die angedeuteten Limitationen werden wir zurückkommen, zunächst jedoch soll Tarskis eigenes Projekt einer semantischen Wahrheitsdefinition für formalisierte Sprachen kurz erläutert werden.

Tarskis semantische Wahrheitsdefinition

Das philosophische Werk des polnischen Logikers Alfred Tarski besteht im wesentlichen aus der Abhandlung *Der Wahrheitsbegriff in den formalisierten Sprachen*, die 1933 erschien und 1935 auf deutsch vorlag. Sie ist extrem technischen Charakters; leichteren Zugang zu Tarski gewährt der 1944 geschriebene Aufsatz »Die semantische Konzeption der Wahrheit und die Grundlagen der Semantik«.

Der Wahrheitsbegriff in den formalisierten Sprachen beginnt mit der Exposition des behandelten Problems: »Vorliegende Arbeit ist fast gänzlich einem einzigen Problem gewidmet, nämlich dem der Definition der Wahrheit: sein Wesen besteht darin, daß man — im Hinblick auf diese oder jene Sprache — eine sachlich zutreffende und formal korrekte Definition des Terminus ›wahre Aussage‹ zu konstruieren hat.«[4]

Da die Extension des Begriffes ›wahre Aussage‹ in Abhängigkeit von der betrachteten Sprache variiert, erhebt Tarski nicht den Anspruch, eine einzige allgemeine Definition zu geben: »[...] das uns interessierende Problem wird in eine Reihe von gesonderten Problemen zerfallen, welche die einzelnen Sprachen betreffen.«[5] Eine Tarskische Wahrheitsdefinition definiert ein Prädikat des Typs ›wahr-in-L‹ für eine Sprache L, die Gegenstand der Definition ist: die *Objektsprache*. Ein solches Prädikat werde ich im folgenden ›W-Prädikat‹ nennen. Die Definition wird in einer von L verschiedenen Sprache, der *Metasprache*, formuliert.

Ob eine solche Definition adäquat ist, ob sie also in Tarskis Sinne ›sachlich zutreffend und formal korrekt‹ ist, kann mit Hilfe eines Kriteriums festgestellt werden, das Tarski *Konvention W* nennt. Ich zitiere Konvention W hier nach Wolfgang Künne:

> *»Eine in der Metasprache formulierte Definition von ›wahr‹ ist sachlich zutreffend, wenn aus ihr alle Sätze folgen, die man aus dem Schema*
>
> (W) *S ist wahr genau dann, wenn p*
>
> *gewinnt, indem man für das Symbol ›S‹ eine Bezeichnung irgendeines Satzes der Objektsprache und für das Symbol ›p‹ die Übersetzung dieses Satzes in die Metasprache einsetzt.«*[6]

Eine Wahrheitsdefinition, die Konvention W erfüllt, ist laut Tarski ›sachlich zutreffend‹, weil konkrete Einsetzungen des W-Schemas wie z. B.:

(W_1) *Die Aussage ›Schnee ist weiß‹ ist wahr genau dann, wenn Schnee weiß ist,*

den Intuitionen einer klassischen Korrespondenztheorie der Wahrheit präzisen Ausdruck verleihen. ›Formal korrekt‹ ist eine solche Wahrheitsdefinition, da sie für eine Objektsprache L in einer anderen Sprache, das heißt in der Metasprache M formuliert wird. Mit Konvention W wird getestet, ob eine Wahrheitsdefinition für eine Sprache L die Extension des Prädikats wahr-in-L korrekt bestimmt. Weder Konvention W noch die sich durch Einsetzung in das Schema (W) ergebenden Äquivalenzen, im folgenden ›W-Äquivalenzen‹ genannt, dürfen mit der Wahrheitsdefinition selbst identifiziert werden: Konvention W ist ein Angemessenheitskriterium, mit dessen Hilfe festgestellt werden kann, ob die Definition die richtigen Konsequenzen hat, das heißt alle W-Äquivalenzen aus ihr ableitbar sind.

Original Tarskische Wahrheitsdefinitionen sind nur für interpretierte *Formal*sprachen konstruierbar. Hier gilt, daß der Sinn jeden Ausdrucks rein syntaktisch festgelegt ist. Für Tarskis Zwecke müssen solche Sprachen eine weitere Bedingung erfüllen: Sie dürfen nicht selbstreferentiell sein, also keine Ausdrücke enthalten, die den Bezug auf die eigenen Worte und Sätze ermöglichen. Sprachen hingegen, in denen man z. B. die eigenen Aussagen ›wahr‹ nennen kann, nennt Tarski ›semantisch geschlossen‹ — insbesondere natürliche Sprachen weisen eine solche ›universalistische Tendenz‹ zur Geschlossenheit auf. Sollen für semantisch geschlossene Sprachen die klassisch-logischen Gesetze gelten, so lassen sich die sogenannten semantischen Antinomien, insbesondere die Lügner-Antinomie, ableiten.[7] Eine konsistente Wahrheitsdefinition für solche Sprachen ist damit ausgeschlossen.

Eine weitere Forderung an die Metasprache ergibt sich aus diesem Problem: Es darf nicht möglich sein, die Metasprache in der Objektsprache zu interpretieren. Andernfalls wäre es möglich, die in der Metasprache formulierte Definition des W-Prädikats ›zurückzuübersetzen‹ und erneut Antinomien zu generieren. Tarski formuliert diese Bedingung dergestalt, daß die Metasprache ›wesentlich reichhaltiger‹ sein muß als die Objektsprache, und erläutert: »Es ist nicht leicht, eine allgemeine und präzise Definition dieses Begriffs der ›wesentlichen Reichhaltigkeit‹ zu geben. Wenn wir uns auf Sprachen beschränken, die auf der logischen Typentheorie basieren, dann ist die Bedingung für die Metasprache, ›wesentlich reichhaltiger‹ zu sein als die Objektsprache, die, daß sie Variable von höherem logischen Typ als die Objektsprache enthält.«[8]

Von simpelsten Ausnahmen abgesehen, enthalten auch Formalsprachen eine infinite Zahl von Sätzen. Tarski ist damit ebenfalls mit einem Problem finiter Axiomatisierung konfrontiert, zu dessen Lösung er vorschlägt, zusammengesetzte Sätze unter Rekurs auf elementare Sätze zu erklären, deren Zahl endlich ist. Sie müssen identifiziert und ihr Wahrheitswert bestimmt werden. Für alle komplexen Sätze sind Regeln zur Bestimmung ihres Wahrheitswerts in Abhängigkeit vom Wahrheitswert der in ihnen enthaltenen elementaren Sätze anzugeben. In dieser einfachen Form scheitert eine *rekursive Methode* jedoch, sobald es sich um Sprachen handelt, die Quantoren enthalten. Sätze wie ›Kein Baum ist groß und klein‹ können nicht als zwei vollständige Elementarsätze analysiert werden, die durch ›und‹ verbunden sind. Die meisten komplexen Sätze, die aus einer Sprache mit quantorenlogischen Ressourcen — Variablen, Junktoren, Prädikaten, Quantoren etc. — gebildet werden können, müssen daher nicht als Verbindungen vollständiger Sätze, sondern als Verbindungen offener Sätze (n-stelligen Prädikaten mit freien Variablen) angesehen werden. Offene Sätze aber haben keinen Wahrheitswert.

Tarski führt deshalb den Begriff der *Erfüllung* als einer Relation zwischen (geordneten Folgen von) Gegenständen und offenen Sätzen ein. Hier funktioniert die rekursive Methode: Für elementare offene Sätze wird definiert, welche Gegenstände sie erfüllen, und es werden Regeln angegeben, nach denen sich für alle Zusammensetzungen offener Sätze ermitteln läßt, welche Gegenstände sie erfüllen. Aussagesätze werden als Sonderfall offener Sätze bestimmt: Sie enthalten entweder keine freien Variablen oder sie wurden mit Hilfe von Quantoren geschlossen. Für beide Fälle soll nun Erfüllung als Relation zwischen Gegenstandsfolgen und den betreffenden Sätzen definiert werden. Unter der Annahme, daß Aussagen entweder wahr oder falsch sind, muß dabei für jede Aussage ein eindeutiges Ergebnis erzielt werden. Im ersten Fall ist dieses Ziel relativ leicht erreichbar, denn ob eine geordnete Folge von Gegenständen einen Satz erfüllt, hängt nur von den freien Variablen ab, die er enthält. Aussagen wie z. B. ›Der Mond ist rund‹ enthalten aber keinerlei freie Variablen. Damit ist die Art der Gegenstände der jeweiligen Folge völlig irrelevant, und es kann per definitionem bestimmt werden, ob ein solcher Satz wahr ist, wenn er von allen Folgen erfüllt wird — oder von keiner. Etwas verwickelter stellt sich die Situation bei quantifizierten Aussagen dar, also Sätzen wie ›Alle Sterne sind rund‹ oder ›Es gibt mindestens einen Stern, der rund ist‹. Um eine eindeutige Antwort auf die Frage zu bekommen, ob ein solcher Satz wahr ist, wird Erfüllung derart definiert, daß auch hier entweder alle Folgen einen Satz erfüllen oder keine. Ohne auf Details näher einzugehen, wird doch an den quantifizierten Aussagen zumindest deutlich, warum es kontraintuitiv wäre, die Wahrheit geschlossener Sätze mit der Erfüllung durch keine Folge von Gegenständen zu assoziieren.[9] Ein Satz wie ›Alle Sterne sind rund‹ ist wahr, wenn es bestimmte Gegenstände gibt, die ›x ist rund‹ erfüllen: alle Sterne.

Die Wahrheit von Aussagesätzen wird damit zum Sonderfall der Erfüllungsrelation. Tarski schreibt: »[...] eine Aussage [ist] wahr, wenn sie von allen Gegenständen erfüllt wird, sonst falsch.«[10] Auf diese Weise gelingt ihm eine indirekte, rekursive Definition des Prädikats ›wahr-in-L‹ für eine Formalsprache L mit quantorenlogischer Struktur.[11] Alle Fragen der philosophischen Relevanz des Tarskischen Werkes für die Wahrheitstheorie können hier außer acht gelassen werden. Ob das, was Tarski definiert, wirklich etwas mit unserem intuitiven Wahrheitsverständnis zu tun hat, ist im gegebenen Kontext irrelevant (vgl. aber unten, IV). Entscheidend hingegen ist die Vorgehensweise Tarskis: Konvention W verlangt von einer Wahrheitsdefinition, daß aus ihr die Wahrheitsbedingungen aller Aussagesätze einer Sprache ableitbar sind. Tarski zeigt, wie das für Formalsprachen quantorenlogischer Struktur mit Hilfe einer axiomatischen Theorie und unter Rekurs auf die Struktur der Sätze dieser Sprache möglich ist. Nun sind dies exakt die Eigenschaften, die Davidson von einer interpretativen Theorie für eine natürliche Sprache fordert; er sieht deshalb »im semantischen Wahrheitsbegriff [...] das hochentwickelte und leistungsfähige Fundament einer angemessenen Theorie der Bedeutung« (1969: 24).

Tarski-Theorien für natürliche Sprachen

Auf dem Wege zur Wahrheitsdefinition liefert Tarski mit Hilfe des rekursiv definierten Begriffs der Erfüllung eine strukturelle Beschreibung einer Sprache L, aus der sich für jeden Aussagesatz von L auf der Basis seiner Struktur eine Übersetzung ermitteln läßt. Davidsons Idee besteht nun darin, eine analoge Strukturbeschreibung zur Angabe der Wahrheitsbedingungen der Sätze einer natürlichen Sprache zu verwenden, das heißt sie als die gesuchte Interpretationstheorie zu lesen. Davidson interessiert sich dabei nicht für das Resultat des Tarskischen Verfahrens, die aus der Strukturbeschreibung abgeleitete Wahrheitsdefinition für L. Aus diesem Grunde fällt für ihn das Haupthindernis weg, das Tarski bei der Anwendung seiner Methode auf natürliche Sprachen im Wege stand. Tarski hielt eine Übertragung auf natürliche Sprachen insbesondere wegen deren Geschlossenheit und den daraus resultierenden Paradoxien für unmöglich.[12] Davidson dagegen hat ein vitales Interesse an einer solchen Übertragung, denn Formalsprachen verhalten sich natürlichen Sprachen gegenüber semantisch parasitär: Bedeutungen formalsprachlicher Aussagen sind letztlich nur in natürlicher Sprache explizierbar. Für Davidson ist »das unumgängliche Ziel semantischer Theorie eine in einer natürlichen Sprache formulierte Theorie für eine natürliche Sprache« (1973: 71). Er argumentiert deshalb, semantische Paradoxien könnten vermieden werden, indem die Prädikate ›wahr‹ und ›erfüllt‹ aus der Objektsprache ausgeschlossen werden. Doch dieses Manöver scheint in ein Dilemma zu führen: Auch wenn ›wahr‹ ausgeschlossen wird, besteht zwischen Objektsprache L und Metasprache M, das heißt einer anderen oder derselben natürlichen Sprache inklusive ›wahr‹, kein Unterschied in wesentlicher Reichhaltigkeit. Die Wiederkehr der Paradoxien erscheint unvermeidbar, denn das in der Metasprache definierte W-Prädikat kann in die Objektsprache zurückübersetzt und der Zustand vor der Eliminierung von ›wahr‹ restauriert werden.[13] Doch Davidson kann diesem Dilemma ausweichen, indem er gar nicht erst eine Definition aufstellt. Was von Tarskis Projekt übrigbleibt, jenen theoretischen Apparat, der rekursiv eine W-Äquivalenz für jeden Satz der Objektsprache produziert, nennt er eine ›Wahrheitstheorie im Stile Tarskis‹. Ein solches System von Axiomen und Schlußregeln wird im folgenden ›W-Theorie‹ genannt, um Verwechslungen mit Wahrheitstheorien in einem weiteren Sinne wie Korrespondenztheorien etc. zu vermeiden. Die erste entscheidende Abweichung Davidsons von Tarski führt damit zu einer Reinterpretation von Konvention W als Angemessenheitskriterium für W-Theorien natürlicher Sprachen.

Um solche Theorien nun als Interpretationstheorien lesen zu können, krempelt Davidson Tarskis Vorgehen um: Tarski

testet seine Definitionen daran, daß sie ausschließlich W-Äquivalenzen implizieren, in denen der Satz auf der rechten Seite den links zitierten *übersetzt*. Das verwendete W-Prädikat kann dabei uninterpretiert bleiben, denn jedes Prädikat, das korrekte Übersetzungen liefert, ist ein W-Prädikat. Da Übersetzung eine Synonymierelation ist, beschreibt Davidson Tarskis Projekt: »Tarski beabsichtigte, den Begriff der Wahrheit unter Berufung (in Konvention W) auf den der Bedeutung (im Gewande der Bedeutungsgleichheit oder Übersetzung) zu analysieren« (ITI: xiv). Auf eine handliche Formel gebracht, heißt das: Tarski setzt Bedeutung voraus, um Wahrheit zu explizieren. Eine Interpretationstheorie aber kann um den Preis einer Petitio principii nicht annehmen, daß ihre Theoreme mit Hilfe von Übersetzungen hergeleitet werden. *Darum invertiert Davidson Tarskis Idee: Er setzt Wahrheit voraus, um Bedeutung zu explizieren* (vgl. 1974a: 150). Konvention W ist entsprechend so zu reformulieren, daß nicht mehr auf Übersetzungen rekurriert wird, sondern nur auf die Wahrheit von W-Äquivalenzen:
(Konvention W')

> *Eine in der Metasprache formulierte W-Theorie für eine Objektsprache L ist dann angemessen, wenn aus ihr alle Sätze folgen, die man aus dem Schema*

(W) *S ist wahr genau dann, wenn p*
gewinnt, indem man für das Symbol ›S‹ eine Bezeichnung irgendeines Satzes der Objektsprache und für das Symbol ›p‹ einen Satz der Metasprache einsetzt, der genau dann wahr ist, wenn S es ist.

Diese Reformulierung läßt eines ganz deutlich werden: W-Äquivalenzen, von denen nicht gefordert wird, daß der Satz auf der rechten Seite den links zitierten übersetzt, sind wahr genau dann, wenn die verknüpften Sätze unter allen

Umständen den gleichen Wahrheitswert haben — mehr ist nicht verlangt, damit die Theorie, aus der sie sich ableiten, eine W-Theorie ist. Davidsons ›Inversion Tarskis‹ besteht also darin, daß, wer Konvention W' anwendet, wissen muß, wann W-Äquivalenzen wahr sind, während es zur Anwendung von Konvention W in Tarskischer Originalversion notwendig ist, die Bedeutung sowohl objekt- als auch metasprachlicher Sätze zu kennen. Davidsons W-Prädikat muß deshalb *interpretiert* sein; die Theorie setzt ein *vorgängiges Verständnis des Wahrheitsbegriffs* voraus. Eine W-Theorie, die Konvention W' erfüllt, kann, so die These, als Interpretationstheorie gelesen werden: Sie impliziert für jeden Aussagesatz S von L eine aus seiner Struktur abgeleitete W-Äquivalenz, deren rechte Seite die Bedingungen angibt, unter denen S wahr ist.

Doch prima facie erscheint diese These absurd: Warum sollten W-Äquivalenzen Wahrheitsbedingungen angeben, wenn zwischen den verknüpften Sätzen keinerlei inhaltliche Verbindung zu bestehen braucht? Dieser Einwand wird meist in Form der Frage vorgetragen, wie W-Theorien darin gehindert werden sollen, Äquivalenzen wie die folgenden zu implizieren:

(W_S) ›*Snow is white*‹ *ist wahr genau dann, wenn Gras grün ist.*[14]

Eine solche Theorie wäre nicht interpretativ: Zwar ist (W_S) wahr, aber, in Künnes Formulierung, ›hermeneutisch steril‹: die rechte Seite hat mit den Wahrheitsbedingungen des links zitierten Satzes nichts zu tun.

Dieser Einwand übersieht die *holistischen Restriktionen*, die Konvention W' impliziert. Nur wenn *alle* aus dem Schema W' zu gewinnenden W-Äquivalenzen wahr sind, so die These, ist die Theorie interpretativ. Denn Wahrheitsbedingungen werden im Rekurs auf die Struktur der Sätze angegeben, das heißt in Abhängigkeit von den darin enthaltenen Wörtern. Damit ist aber jede Theorie, die (W$_S$) impliziert, ausgeschlossen, denn eine solche Theorie könnte unmöglich zugleich eine wahre W-Äquivalenz für die Sätze ›This is white‹ oder ›That is snow‹ implizieren. Seinen sich in Konvention W' ausdrückenden *Bedeutungsholismus* formuliert Davidson in »Truth and Meaning«: »Wenn die Bedeutung von Sätzen von ihrer Struktur abhängt und wir die Bedeutung jeden Elements dieser Struktur nur verstehen, indem wir sie aus der Gesamtheit der Sätze, in denen es vorkommt, abstrahieren, dann können wir die Bedeutung jedes einzelnen Satzes (oder Wortes) nur angeben, indem wir die Bedeutung aller Sätze (und Worte) der Sprache angeben. Frege sagte, daß ein Wort nur im Kontext eines Satzes Bedeutung habe; in der gleichen Richtung hätte er hinzufügen können, daß ein Satz (und damit ein Wort) nur im Kontext der Sprache Bedeutung habe« (1967: 22).

So weit, so gut. Es kann aber noch keineswegs als ausgemacht gelten, daß sich W-Theorien wirklich für natürliche Sprachen konstruieren lassen. Deren zweites großes Problem ist die Kontextsensitivität der Wahrheitswerte vieler ihrer Äußerungen. Ob beispielsweise eine Äußerung des Satzes ›Dies ist grün‹ wahr ist, variiert in Abhängigkeit vom Äußerungskontext, genauer von der Farbe des Gegenstands, auf den ›dies‹ Bezug nimmt. Im Beispiel wird die Kontextsensitivität durch einen deiktischen Ausdruck (›dies‹) erzeugt; ähnlich wirken auch alle anderen Indikatoren. So wird z. B. durch das verwendete Tempus der Wahrheitswert einer Äußerung an einen bestimmten Zeitpunkt gebunden. Äquivoke Ausdrücke stellen ein analoges Problem dar. Davidson faßt das W-Prädikat deshalb als dreistellig auf: mit je einer Stelle für Satz, Sprecher und Zeitpunkt der Äußerung, und er reformuliert Schema W entsprechend:

(W') *Für alle Sprecher x von L und alle Zeitpunkte t: S, geäußert von x an t, ist wahr genau dann, wenn p.*[15]

Betrachten wir z.B. eine Äußerung des Satzes ›It is raining‹. Er ist nur dann wahr, wenn es zum Äußerungszeitpunkt regnet; eine W-Theorie der englischen Sprache muß also folgende W-Äquivalenz produzieren:

(W_R') *Für alle Sprecher x der englischen Sprache, für alle t: ›It is raining‹, geäußert von x an t, ist wahr genau dann, wenn es an t in der Umgebung von x regnet.*

Zusammenfassend kann jetzt gesagt werden, welche formalen Anforderungen Davidson an eine interpretative W-Theorie stellt; alle Modifikationen Davidsons berücksichtigt, lautet Konvention W':

> *Eine in der Metasprache formulierte W-Theorie für eine Objektsprache L ist dann angemessen, wenn aus ihr alle Sätze folgen, die man aus dem Schema*

(W') *Für alle Sprecher x von L und alle Zeitpunkte t: S, geäußert von x an t, ist wahr genau dann, wenn p gewinnt, indem man für das Symbol ›S‹ eine Bezeichnung irgendeines Satzes der Objektsprache und für das Symbol ›p‹ einen Satz der Metasprache einsetzt, der genau dann wahr ist, wenn S es ist.*

Logische Form

Wie weit reicht nun eine W-Theorie für eine natürliche Sprache? Ihre offensichtlichste Limitation besteht darin, daß nicht alle Äußerungen einen Wahrheitswert besitzen, so z.B. Fragen, Befehle etc. W-Theorien sind damit auf die Interpretation von *Aussagen* beschränkt, von Sätzen, die als Behauptungen geäußert werden. In diesem Sinne gibt eine W-Theorie die buchstäbliche Bedeutung (›literal meaning‹) eines Satzes an. Wahrheitskonditionale Semantiken verstehen deshalb die assertorische Rede als Originalmodus der Sprachverwendung und beschreiben darüber hinausgehende Verstehensleistungen alltäglicher Interpreten, wie z. B. Verständnis des Äußerungsmodus oder Decodieren indirekter Mitteilungen als *pragmatisches Verstehen.* Das Programm einer umfassenden theoretischen Beschreibung linguistischer Kompetenz sähe damit vor, eine Semantik zu entwickeln und darauf eine Theorie pragmatischen Verstehens aufzubauen.[16] Demgegenüber vertritt Davidson jedoch in jüngster Zeit, allein der Bereich buchstäblicher Bedeutung weise die zur theoretischen Beschreibung nötige Regelhaftigkeit auf. Die ungemeine Vielfalt verbaler und nonverbaler Ausdrucksmöglichkeiten aber, die Sprechern zur Verfügung stehe, um zu fragen, zu drohen oder zu scherzen, lasse sich nicht reglementieren (vgl. 1989: 313).

Doch auch im Bereich buchstäblicher Bedeutung gibt es bei der Konstruktion von W-Theorien eine Reihe von Problemen. Um einen Satz S mit Hilfe der W-Theorie verarbeiten zu können, muß S in Komponenten zerlegt werden, die die Anwendung der Theorie ermöglichen. Tarski hat gezeigt, wie das für Formalsprachen mit quantorenlogischer Struktur möglich ist. Komponenten, die eine W-Theorie verarbeiten kann, sind Prädikate, Quantoren, Junktoren, singuläre Terme etc. Sie werden von den elementaren Axiomen spezifiziert und können, den ebenfalls aufgelisteten Schlußregeln der Theorie gemäß, in ihren verschiedenen Kompositionen verarbeitet werden. Mit anderen Worten: Die W-Theorie reicht genau so weit, wie Sätze eine *logische Form* haben, die sich verarbeiten läßt. Die logische Form eines Satzes S zu bestimmen, heißt damit, seine Komposition aus w-theoretisch relevanten Elementen in der Notation der Quantorenlogik (erster Ordnung) zu beschreiben. So erhalten wir auf der subsententialen Ebene, der ›Mikroebene‹ einer Sprache, die gewünschte Zerlegung in eine endliche Zahl von Komponenten. Diese *Endlichkeit des ›Lexikons‹* einer W-Theorie ist dabei essentiell — gerät sie in Gefahr, kann die Theorie nicht mehr als Beschreibung der linguistischen Kompetenz endlicher Wesen gelten. Auf der sententialen Ebene, der ›Makroebene‹, aber erhalten wir eine Beschreibung von L als einer *logischen Struktur:* Bestimmte Komponenten von L werden als logische Konstanten identifiziert und setzen die Sätze von L in formallogische Implikationsrelationen. Ein Satz wie

(1) *Die Sonne und der Mond sind rund,*

hat z. B. die logische Form

(1') *Ra und Rb.*

Aufgrund logischer Form allein ist ableitbar:

(2') *Ra.* Das heißt:

(2) *Die Sonne ist rund.*

Eine W-Theorie induziert also Struktur auf zwei Ebenen einer Sprache, intersentential und subsentential. Die erste Ebene, die Makroebene, ist dabei diejenige, auf der sich zeigen muß, ob die gewählte Komponentenzerlegung angemessen ist. Während letztere theoretisches Konstrukt bleibt, sind ihre Konsequenzen auf der Ebene geäußerter Sätze und ihrer Relationen testbar. Liefert also eine W-Theorie ›unlogische‹ Relationen zwischen Sätzen von L, dann stimmt etwas mit der Bestimmung der logischen Form der fraglichen Sätze nicht. Eine wichtige Rolle spielt hierbei das Prinzip der Substituierbarkeit koreferentieller Terme — zwei singuläre Terme sind koreferentiell, wenn sie denselben Gegenstand bezeichnen. Um Freges berühmtes Beispiel zu wählen: ›Abendstern‹ und ›Morgenstern‹ sind koreferentiell; beide bezeichnen denselben Planeten. Im Normalfall gilt nun, daß solche Terme füreinander ausgetauscht werden können, ohne daß sich der Wahrheitswert des fraglichen Satzes ändert. Ersetze ich z. B. ›Morgenstern‹ durch ›Abendstern‹ in

(3)   *Der Morgenstern ist ein Planet,*
so ist das Ergebnis ebenfalls ein wahrer Satz:
(4)   *Der Abendstern ist ein Planet.*

Für eine signifikante Menge der Aussagesätze stellen diese Forderungen keine weiteren Schwierigkeiten dar — ihre logische Form stimmt mit ihrer Oberflächengrammatik überein. Es gibt jedoch Bereiche, in denen das anders ist. *Indirekte Rede* ist ein prominentes Beispiel, bei dem W-Theorie und Logik in Konflikt zu geraten drohen. Der Grund ist folgender. Ein Satz wie

(5)   *Claus sagte, daß der Abendstern ein Planet ist,*
kann oberflächengrammatisch so aufgefaßt werden, als enthielte er (4). In (4) aber kann, wie wir sahen, ›Abendstern‹ durch ›Morgenstern‹ wahrheitswerterhaltend substituiert werden. Nicht so in (3): Ist (3) wahr, so folgt daraus keineswegs, daß Claus sagte, der Morgenstern sei ein Planet. Dasselbe gilt für alle sogenannten psychologischen Sätze, d. h. Sätze, die jemandem propositionale Einstellungen wie Überzeugungen, Wünsche oder Intentionen zuschreiben. So folgt aus

(6)   *Claus glaubt, daß der Abendstern ein Planet ist,*
keineswegs
(7)   *Claus glaubt, daß der Morgenstern ein Planet ist.*

Denn möglicherweise weiß Claus nicht, daß ›Abendstern‹ und ›Morgenstern‹ koreferentiell sind. Die von intentionalen Verben wie ›glauben‹, ›wünschen‹, ›beabsichtigen‹ etc. erzeugten Kontexte werden als ›intensional‹ bezeichnet, manchmal auch als ›opak‹ oder ›nicht-transparent‹, weil in ihnen das Substituierbarkeitsprinzip nicht gilt, die Referenz der enthaltenen Terme in gewisser Weise also undurchsichtig ist. Intensionale Kontexte generieren Probleme für eine W-Theorie, denn es sieht so aus, als könnten die Worte in den daß-Sätzen nicht die Rolle spielen, die ihnen die W-Theorie für normale, extensionale Kontexte wie (4) zuschreibt. Dennoch muß die W-Theorie auch die daß-Sätze strukturell zerlegen, denn es können unendlich viele verschiedene sinnvolle daß-Sätze in einer natürlichen Sprache geäußert werden. Wird keine logische Form indirekter Rede gefunden, die sie einer rekursiven W-Theorie zugänglich macht, droht das infinite Lexikon. Davidson schlägt daher vor, die logische Form von (3) so zu bestimmen, daß (3) aus *zwei Äußerungen* besteht:

(4) *Der Abendstern ist ein Planet*, und
(3a) *Claus sagte das.*

Damit sind die semantischen und logischen Verbindungen zwischen beiden Äußerungen abgebrochen, das heißt, die W-Theorie kann den Worten in (4) in allen Kontexten identische Rollen zuschreiben. Die Wahrheit von (3a) allerdings hängt dann davon ab, daß die Äußerung von (4), auf die ›das‹ referiert, synonym mit der gemeinten Äußerung von Claus ist. Davidson weitet diesen Vorschlag aus auf alle psychologischen Sätze: Sie bestehen seiner Analyse gemäß aus einer Komponente analog zu (3a), z.B ›Claus glaubt das‹, und einer Äußerung, die den Inhalt der propositionalen Einstellung spezifiziert (vgl. 1968; 1989b). Wir können diesen Vorschlag Davidsons hier nicht weiter diskutieren.[17] Jedoch werden wir im Zusammenhang mit Handlungssätzen noch einmal auf intensionale Kontexte und ihre logische Form zu sprechen kommen. An dieser Stelle sollte jedoch exemplarisch deutlich werden, welche Art von Problemen sich bei der Konstruktion von W-Theorien stellen, Probleme, die keineswegs alle als gelöst angesehen werden können. Daß W-Theorien für natürliche Sprachen konstruierbar sind, wird im folgenden daher als Arbeitshypothese unterstellt.

Vom grünen Tisch in den Dschungel

Unterstellt, eine W-Theorie für eine Sprache L ist konstruierbar — garantiert Konvention W' tatsächlich, daß wir eine interpretative Theorie gefunden haben? Anders formuliert: Kann ein ›Testinterpret‹, dem wir eine solche Theorie präsentieren, mit deren alleiniger Hilfe ihre Objektsprache verstehen? Zwei Einwände drängen sich auf. Zum einen besteht zwar in der Literatur weitgehende Übereinstimmung darüber, daß Davidsons Bedeutungsholismus Theorien ausschließt, die W-Äquivalenzen vom ›Gras ist grün‹-Typus implizieren. Größere Schwierigkeiten hingegen bereitet eine modifizierte Form dieses Einwands. Sie geht auf Foster zurück und bezieht sich auf sogenannte ›counterfeit theories‹: gefälschte Theorien.[18] Foster weist auf die Möglichkeit einer W-Theorie hin, die ein wahres Axiom wie das folgende enthält:

(A) *Für alle Gegenstände x, für alle Zeitpunkte t: x erfüllt ›is white‹ an t genau dann, wenn x in t weiß ist und Gras grün ist.*

Eine solche Theorie liefert nur wahre W-Äquivalenzen, erfüllt also Konvention W'. Dennoch enthalten alle von (A) infizierten W-Äquivalenzen ein zum Verstehen der jeweiligen Äußerung völlig irrelevantes Element. Der Schaden, den eine solche Fälschung anrichtet, ist allerdings nicht ganz leicht einzuschätzen. Kann der Testinterpret diese Theorie benutzen, um englische Äußerungen zu verstehen? Diese Frage ist jedenfalls nicht am grünen Tisch entscheidbar, denn das einzige dort verfügbare Kriterium ist Konvention W'. Doch selbst wenn wir den Testinterpreten mit seiner vorgefertigten Theorie irgendwo in der angelsächsischen Welt auf die Straße schicken, ist nicht ohne weiteres zu sehen, daß seine Erfahrungen die Theorie klar falsifizierten. Denn sie führt nie zu Interpretationen, die eklatant unsinnig wären, nie zu schreienden Widersprüchen auf seiten der Sprecher und nie dazu, daß ihre Äußerungen zusammenhanglos oder im Kontext völlig unpassend wären. Alles, was möglicherweise auffiele, wäre eine gewisse Extravaganz, ein leichter Hang dazu, in gewissen Kontexten gewisse Allgemeingültigkeiten gleichsam rituell zu bekräftigen. Der Testinterpret würde sich möglicherweise an den Konstrukteur der Theorie mit der Frage wenden, was ihn zur genauen Formulierung von Axiom (A) bewogen habe. Genau an dieser Stelle aber sind wir nun alle gezwungen, den grünen Tisch zu verlassen, denn der Konstrukteur kann sich in seiner Antwort nicht einzig auf die Wahrheit von (A) berufen. Vielmehr ist gefordert, daß er (A) gegenüber dem Sprechverhalten der Sprecher der Objektsprache rechtfertigt. Seine Theorie muß nicht nur formal korrekt sein, sondern sie muß auch und vor allem *empirisch angemessen* sein. Und das Fälschungsbeispiel macht deutlich, daß Davidson nicht nur einen Testinterpreten braucht, sondern daß gerade der Konstruktionsprozeß einer W-Theorie als ein empirischer aufgefaßt werden muß. In dieser Hinsicht gleicht eine W-Theorie jeder anderen empirischen Theorie: Ihre Sätze werden nicht unwahr durch eine Fälschung, und doch erscheinen die Zusätze extrem unerwünscht, weil irrelevant. Aus der Sicht des Konstrukteurs aber soll es nun schlicht unplausibel erscheinen, die Zusätze überhaupt anzubringen. Denn welche *empirischen* Gründe sollte es dafür geben? Warum sollte ein Physiker ein Gesetz wie

(A') $e = mc^2$ *und Gras ist grün* formulieren?

Damit ist das zweite in diesem Zusammenhang entscheidende Stichwort gefallen. Nur eine als empirische Theorie verstandene W-Theorie ist für den Testinterpreten von irgendeinem Nutzen, den ihre Sätze sind *empirische Gesetze* (oder zumindest Gesetzeshypothesen). Es erscheint zwar etwas konstruiert, aber durchaus plausibel, daß ein Testinterpret, der alles gesagt bekommt, was die W-Theorie konstatiert, dennoch nicht feststellen kann, ob er die Äußerung ›Snow is white‹ versteht, weil er nicht weiß, ob die betreffende W-Äquivalenz auch für diese Äußerung gilt – und nicht nur für vergangene. Ihm muß außerdem gesagt werden, daß W-Äquivalenzen empirische Gesetzeshypothesen sind, d. h. projizierbar auf zukünftige, unbeobachtete oder kontrafaktische Äußerungen (vgl. ITI: xiv; 1976: 35f.). Unter allen denkbaren Konstellationen sollen sie diejenigen Umstände fixieren, unter denen ein Satz wahr wäre. Davidson muß deshalb seine Beschreibung linguistischer Kompetenz etwas abändern: Es reicht nicht, eine W-Theorie zu kennen; vielmehr ermöglicht sie nur demjenigen Interpretation, der zudem weiß, *daß* es eine W-Theorie ist, eine empirische Theorie also, deren Theoreme projizierbar sind.

Diese Überlegungen zeigen: Konvention W' allein reicht nicht hin, um sicherzustellen, daß eine W-Theorie auch empirisch angemessen ist.[19] Vielmehr gilt es zu bestimmen, welche Restriktionen W-Theorien und ihren Konstrukteuren durch die empirischen Daten über das Sprechverhalten der Sprecher ihrer Objektsprache auferlegt sind. Denn wir erinnern uns: Bedeutung ist öffentlich, eine Interpretationstheorie muß Wahrheitsbedingungen ausschließlich auf der Basis jener Daten spezifizieren, die ein Interpret hat. Und daß das am grünen Tisch möglich wäre, wird spätestens dann unplausibel, wenn die Objektsprache eine völlig unbekannte Dschungel-Variante ist.

3. Radikale Interpretation

Der Feldlinguist

In diesem Kontext führt Davidson das *Gedankenexperiment radikaler Interpretation* ein — vorgestellt wird ein paradigmatischer Fall von Interpretation, in dem dem Interpreten ein absolutes Minimum an Anhaltspunkten und Methoden zur Verfügung steht. Insbesondere darf er im Idealfall nur Daten verwenden, die die Interpretation sprachlicher Äußerungen nicht schon voraussetzen, da die Theorie andernfalls in Zirkelgefahr gerät. Der Voraussetzungslosigkeit am nächsten kommt der sogenannte *Feldlinguist*, dessen Aufgabe darin besteht, eine Sprache zu enträtseln, über die und deren Sprecher ihm bis dato nichts bekannt ist. Ihm steht nur die *ultimate evidence* der Interpretation zur Verfügung, Minimaldaten, die notwendig und hinreichend zugleich sind; an seinem Fall muß daher sichtbar werden, welche empirischen Hypothesen aller Interpretation zugrunde liegen: »Was ein voll informierter Interpret lernen kann darüber, was ein Sprecher meint, ist alles, was da zu lernen ist« (1983: 315).

Der Entwurf des Gedankenexperiments stammt ursprünglich von Quine, der in *Word and Object* einen Feldlinguisten in den Dschungel schickt, um dort zu klären, was sprachliche Bedeutung ist.[20] Aufgabe des Original-Feldlinguisten ist es, ein Übersetzungshandbuch zu erstellen. Doch Übersetzungswissen ist nicht notwendigerweise Interpretationswissen: Wenn ich weiß, daß »My sister, do you remember the mountain, and the tall oak, and the Ladore?« die Übersetzung von »Sestra moya, ti pomnish' goru, i dub visokiy, i Ladoru?« ist, folgt daraus nicht, daß ich auch nur einen der beiden Sätze verstehe.[21] Um bedeutungstheoretisch relevante Aussagen ableiten zu können, läßt Davidson seinen Feldlinguisten darum statt eines Übersetzungshandbuches eine W-Theorie erarbeiten. Einem solchen ›Radikalinterpreten‹ stehen zur Lösung seiner Aufgabe einzig das nicht-interpretierte verbale und nonverbale Verhalten der Sprecher und die beobachtbaren Umstände ihrer Äußerungen zur Verfügung. Insbesondere kann er (zu Beginn) nichts über Überzeugungen, Wünsche oder Intentionen der Sprecher wissen, denn diese können ihnen nur anhand interpretierter Äußerungen zugeschrieben werden; auch für eine radikale Theorie der Überzeugungen und Wünsche (›beliefs and desires‹) steht kein anderes Datenmaterial zur Verfügung als für die radikale Interpretation. Der Radikalinterpret ist also von vornherein mit einem Dilemma konfrontiert, das Davidson »Interdependenz von Überzeugung und Bedeutung« (1973a: 134) nennt: »Wenn ein Sprecher bei einer bestimmten Gelegenheit einen Satz für wahr hält, liegt das teilweise daran, was er mit einer Äußerung dieses Satzes meint oder meinen würde, und teilweise daran, wovon er überzeugt ist. Wenn alles, wovon wir ausgehen können, die Aufrichtigkeit der Äußerung ist, können wir die Überzeugung nicht erschließen, ohne die Bedeutung zu kennen, und haben keine Chance, die Bedeutung ohne die Überzeugung zu erschließen« (1974a:

142). Um eine Äußerung in seiner Objektsprache verstehen zu können, muß der Radikalinterpret in diesen Interdependenzzirkel einbrechen; es muß ihm gelingen, auf der Grundlage seiner Daten beides zugleich zu ermitteln, die Überzeugungen des Sprechers und die Bedeutung seiner Äußerung. Wie? Laut Davidson besitzt er einen Schlüssel zu Sprache und Denken der Fremden. Anhand seiner Daten kann er eine spezifische Art von Überzeugung aufspüren: die Überzeugung, daß ein Satz zu einer bestimmten Zeit wahr ist (›the attitude of holding true, relativized to time‹; vgl. 1973a: 135; 1974a: 144). Mit Hilfe dieser ›Minimalüberzeugung‹ beginnt er sein Werk, indem er Hypothesen darüber aufstellt, welche Sätze die Sprecher wann für wahr halten. Relevante Überzeugungen werden damit auf ein Mindestmaß beschränkt und konstant gehalten, solange nicht wenigstens ein grundlegendes Verständnis der fraglichen Sprache erarbeitet ist. Zwei Arten von Sätzen spielen dabei eine Schlüsselrolle: Sätze, die unter allen Umständen für wahr gehalten werden, und Sätze, deren Wahrheitswert mit den beobachtbaren Umständen ihrer Äußerung korreliert ist.

Die zweite Art, die sogenannten okkasionellen Sätze, erlauben die Konstruktion hypothetischer W-Äquivalenzen; der Interpret sammelt Daten wie diese:

(D_R) *Donald hält den Satz ›It is raining‹ am Samstagnachmittag für wahr, und es regnet am Samstagnachmittag in der Umgebung von Donald.*

Solche Daten verwendet er als Belege für die W-Äquivalenz

(W_R') *Für alle Sprecher x, für alle t: ›It is raining‹, geäußert von x an t, ist wahr genau dann, wenn es an t in der Umgebung von x regnet.*

Die Methode des Radikalinterpreten muß nun darin bestehen, eine W-Theorie zu konstruieren, deren Theoreme den

Sätzen die Bedingungen, unter denen sie für wahr gehalten werden, als Bedingungen zuordnet, unter denen sie wahr sind. Diese Verfahrensweise erscheint anhand der zur Verfügung stehenden Daten als die einzig mögliche — sie ist eine conditio sine qua non für die Konstruktion einer W-Theorie im Modell radikaler Interpretation. Als methodologische Maxime formuliert, lautet dieses Prinzip, das Davidson *Principle of Charity* nennt:

(PC) »[...] *fasse die Tatsache, daß die Sprecher einer Sprache einen Satz (unter beobachteten Bedingungen) für wahr halten, als prima facie-Beleg dafür auf, daß der Satz unter diesen Bedingungen wahr ist*« (1974a: 152).

Daten wie (D_R) werden hier genauer bestimmt als prima facie-Gründe zur Annahme einer W-Äquivalenz; die Möglichkeit, daß der Sprecher sich irrt, kann zwar keineswegs ausgeschlossen werden, der Interpret muß jedoch unterstellen, daß die Sprecher sich im allgemeinen nicht irren. Er sucht deshalb nach der Theorie, die am besten zu seinen Beobachtungen paßt, entscheidend ist das Verhältnis der Theorie als ganzer zur Gesamtheit der Daten (vgl. 1973a: 136). Welche W-Theorie in diesem Sinne die beste ist, hängt von Art und Anzahl der Irrtümer und Fehler ab, die sie anhand der Datenbasis den Sprechern zuschreiben muß. Generell kann gesagt werden: Je weniger Fehler auftreten, desto besser ist die Theorie. Doch das ist weitaus zu undifferenziert, auch wenn es bei oberflächlichem Lesen so aussehen mag, als sei Davidson selbst dieser Ansicht: »Wir wollen eine Theorie, [...] die Übereinstimmung maximiert in dem Sinne, daß sie Kurt (und andere) so weit wir es erkennen und so oft wie möglich recht haben läßt« (1973a: 136). Aufgrund seiner Zentralstellung für radikale Interpretation werden wir im nächsten Kapitel ausführlich auf das *Principle of Charity* eingehen; hier nur soviel: Ein Sprecher kann sich irren in bezug auf das, was der Fall ist, er kann sich aber genauso irren in bezug auf die Konsequenzen, die er aus seiner Überzeugung, daß etwas der Fall ist, ziehen sollte. Das *Principle of Charity* fordert damit, dem Sprecher zu unterstellen, daß er im wesentlichen glaubt, was der Fall ist, und daß er möglichst wenige widersprüchliche Überzeugungen hat (vgl. 1973a: 136; 1975: 168/169; 1980a: 7). Dieses methodologische Prinzip der notwendigen ›Wahrheits- und Konsistenzunterstellung‹[22] ›Principle of Charity‹ zu nennen, ist irreführend insofern, als es sich dabei nicht um eine karitative Annahme zum Wohle des Sprechers handelt, die auch unterlassen werden könnte. Es ist vielmehr von entscheidender Bedeutung, das *Principle of Charity* in diesem Modell als notwendige Bedingung der Möglichkeit von Interpretation zu sehen.

Plausibel wird die Annahme eines solchen Prinzips durch die Überlegung, daß Fehler und Irrtümer als solche überhaupt erst feststellbar werden, wenn der Interpret dem Sprecher zugleich eine große Anzahl richtiger Überzeugungen unterstellt. Nur wenn es möglich ist, anhand einer Reihe gemeinsamer, richtiger Überzeugungen auszumachen, welchen Gegenstand z. B. ein Disput hat, besteht im Endeffekt die Möglichkeit, festzustellen, wer unrecht hat. »Um es anders zu formulieren: je größer die Zahl der Dinge ist, über die jemand das Richtige glaubt, desto schärfer erkennbar werden« seine Fehler. Zu viel Irrtum verwischt einfach den Fokus« (1975: 168). Die Alternative zum *Principle of Charity*, das ist die Konsequenz, die Davidson aus radikaler Interpretation zieht, besteht lediglich im Verzicht auf die Annahme, ein Sprecher sei verständlich bzw. ein sprachbegabtes Wesen.

Das *Principle of Charity* erlaubt zudem eine wichtige Reflexion auf die Art des Zustandekommens der W-Äquivalenzen: Der Interpret, der Daten wie (D_R) als Belege für W-Äquivalenzen verwendet, versteht diese als *Kausalhypothesen*. Es ist kein glücklicher Zufall, daß Sprecher des Englischen ›It is raining‹ (so gut wie) immer dann für wahr halten, wenn es regnet, sondern sie sind bereit, diesen Satz als wahr zu akzeptieren, weil es regnet. Regen ist die Ursache, die bewirkt, daß sie überzeugt sind, es regne.

Okkasionelle Sätze sind damit für die Interpretation so bedeutungsvoll, weil sich an ihnen die Möglichkeit eröffnet, die Verbindung zu rekonstruieren, die im Modell radikaler Interpretation zwischen Sprache und Welt besteht. Diese Verbindung ist kausaler Natur und bildet die Grundlage allen sprachlichen Verstehens: »Die kausalen Relationen zwischen der Welt und unseren Überzeugungen sind entscheidend für Bedeutung, [...] weil sie anderen oft sichtbar sind und so die Basis für Kommunikation bilden« (1990: 76).

Der weitere Verlauf einer Erstinterpretation ist en detail von geringerem Interesse; alles philosophisch Interessante kann diskutiert werden, sobald die Verbindung erkannt ist, die die okkasionellen Sätze zwischen Bedeutung und Beobachtung herstellen, zwischen Sprache und Welt. Und ist ein grundlegendes Verständnis der fraglichen Sprache einmal erreicht, ist auch die Bestimmung spezifischer Überzeugungen nicht mehr mit Schwierigkeiten verbunden, denn es gilt: »[...] für wahr gehaltener Satz plus Interpretation gleich Überzeugung« (1980a: 6). So nehmen die der ›tatsächlichen‹ Prozedur radikaler Interpretation gewidmeten Passagen in Davidsons Artikeln wenig Raum ein; der Skizze von ›Radical Interpretation‹ folgend, konzipiert er die Konstruktion einer W-Theorie für eine unbekannte Sprache in drei Schritten:

(1) Vorausgesetzt wird, daß dem Interpreten die Gesamtheit möglicher Daten zur Verfügung steht. Dann wird zunächst die logische Form der Sätze bestimmt, das heißt, Prädikate, singuläre Termini, Quantoren, Junktoren und das Identitätszeichen werden als solche identifiziert. Damit überträgt der Interpret ›seine‹ Logik auf die fremde Sprache, genauer: er liest die Struktur der Quantorenlogik in die fremde Sprache hinein. Dies mag prima facie als Akt der Willkür erscheinen, aber für den Radikalinterpreten ist es aufgrund der formalen Restriktionen, die ihm bei der Konstruktion seiner Theorie aufzuerlegen sind, unumgänglich, denn seine Theorie soll Konvention W' erfüllen. Empirische Basis dieses ersten Schrittes sind Beobachtungen über Sätze, die unter allen Umständen und zu allen Zeiten für wahr gehalten werden, das heißt die möglicherweise logische Wahrheiten sind, sowie Folgerungsrelationen, die zwischen Sätzen beobachtet werden.

(2) Die so als solche identifizierten Prädikate werden im zweiten Schritt Gegenstand der Interpretation. Mit Hilfe okkasioneller Sätze nähert sich der Interpret den Bedingungen der Erfüllung einzelner Prädikate.

(3) Im letzten Schritt wird die Theorie auf alle übrigen Sätze ausgedehnt. Sobald der Interpret dabei mit abstrakten Gegenständen und Zusammenhängen konfrontiert ist, kann er seine Hypothesen nicht mehr direkt an Beobachtungen testen. Die Wahrheitsbedingungen aller nicht-okkasionellen Sätze müssen indirekt erschlossen werden. Der Interpret kann dabei auf darin enthaltene Wörter aufbauen, die ebenfalls in okkasionellen Sätzen verwendet werden, sowie auf Folgerungsrelationen zwischen verschiedenen Sätzen.

Diese Punkte zusammenfassend, kann jetzt gesagt werden, worin die empirischen Restriktionen bestehen, denen in radikaler Interpretation die Konstruktion von W-Theorien unterworfen wird: Eine W-Theorie ist empirisch angemessen, wenn sie gemäß der Maxime der Wahrheits- und Konsistenzunterstellung zu interpretieren erlaubt, das heißt dem *Principle of Charity* entsprechend kausale Gesetzmäßigkeiten repräsentiert. Daß radikale Interpretation ›gefälschte Theorien‹ produziert, erscheint unwahrscheinlich, denn die Irrelevanz der fälschenden Zusätze läßt sich jetzt genauer bestimmen: Sie sind kausal irrelevant für die Überzeugung, der fragliche Satz sei wahr.

Unbestimmtheiten

Seit Quine das Gedankenexperiment radikaler Übersetzung einführte, um zu klären, was sprachliche Bedeutung ist, ist damit die These von der *Unbestimmtheit der Übersetzung* verbunden. Was bedeutet Unbestimmtheit? Stellen wir uns vor, es zögen zwei Feldlinguisten aus, ein Übersetzungshandbuch für dieselbe Sprache, Quine nennt sie ›Jungle‹, zu erstellen. Laut Quine gibt es »wenig Grund, zu erwarten, zwei radikale Übersetzer, die voneinander unabhängig an ›Jungle‹ arbeiten, würden mit austauschbaren Handbüchern wieder auftauchen«.[23] Und dies liegt seiner Meinung nach nicht etwa daran, daß sie verschiedene Daten sammeln, mit verschiedenen Sprechern in verschiedenen Situationen sprechen oder ähnliches, sondern hat prinzipielle Gründe. Die Unbestimmtheit der Übersetzung gilt selbst dann, wenn die Gesamtheit möglicher Daten zur Verfügung stünde. Selbst für einen solchen maximalen Datensatz, so Quine, gibt es prinzipiell mehr als ein Übersetzungshandbuch.

Auch Davidson unterschreibt die These von der Unbestimmtheit; bei ihm wird sie zur *Unbestimmtheit der Interpretation*. Selbst für maximales Datenmaterial kann der Radikalinterpret verschiedene W-Theorien finden, deren jede interpretativ ist. Jede dieser Theorien vermag das beobachtete Verhalten der Sprecher zu erklären und ihre Äußerungen im Kontext zu interpretieren. Es gibt keine weiteren empirischen Kriterien, um zwischen solchen Theorien zu entscheiden; sie sind *empirisch äquivalent*. Unbestimmtheit verdankt sich also keineswegs irgendwelchen Ignoranzen des Interpreten, sondern sie besteht objektiv — was sich auf der Grundlage aller relevanten Daten nicht bestimmen läßt, *ist* unbestimmt.

›Unbestimmtheit der Interpretation‹ ist dabei ein Sammelname für verschiedene Arten von Variationsmöglichkeiten. Davidson unterscheidet drei Formen möglicher Unbestimmtheit:

— Unbestimmtheit der logischen Form: Empirisch äquivalente Theorien können sich hinsichtlich der Identifikation von Prädikaten, singulären Termen etc. unterscheiden.

— Unbestimmtheit der Referenz: Empirisch äquivalente Theorien können Termen verschiedene Referenten zuordnen.

— Unbestimmtheit der Wahrheit: Ein und derselbe Satz kann für empirisch äquivalente Theorien verschiedene Wahrheitswerte haben (vgl. 1979: 228).

Bedeutungstheoretisch interessant sind vor allem die beiden letzten Formen; sie räumen rückhaltlos auf mit der Erwartung, Bedeutung oder Referenz seien letztlich fixiert oder fixierbar. Die Unbestimmtheit der Referenz läßt sich gut an Quines notorischem Beispielsatz illustrieren: ›Gavagai‹. Die klassische Übersetzung dieses Einwortsatzes ist ›Sieh da, ein

Kaninchen!‹ bzw. ›Kaninchen!‹. Gavagai ist damit zugleich ein Wort und bezeichnet offenbar Kaninchen. Oder Kaninchenteile? Oder Instantiationen von Kaninchenheit? Die Liste ließe sich verlängern. Jede der genannten Möglichkeiten, die Referenz des Wortes ›gavagai‹ festzulegen, stimmt mit den beobachteten Daten überein: Die Sprecher halten ›Gavagai‹ immer dann für wahr, wenn sie ein Kaninchen sehen (oder sonstwie wissen, daß eines präsent ist). Mehr noch, jede dieser Möglichkeiten stimmt mit allen beobachtbaren Daten überein. Ist die These richtig, so muß es für ein und dieselbe Sprechergemeinschaft funktionierende W-Theorien geben, deren Lexika den Worten verschiedene Gegenstände zuordnen. Die aufgelisteten Gegenstände können permutiert, das heißt systematisch auf andere abgebildet werden, ohne daß sich dadurch die Erklärungskraft der Theorie im mindesten änderte.

Die Gegenstände, die eine W-Theorie annimmt bzw. die sie den Worten einer Sprache zuordnet, werden die ›Ontologie‹ der Theorie bzw. Sprache genannt (vgl. dazu Kapitel IV, 2.). Mit der Unbestimmtheit der Referenz wird die Ontologie einer Sprache *relativ* zur verwendeten W-Theorie. Der Begriff der Referenz aber, den die W-Theorie verwendet, bleibt rein theoretisch; so etwas wie fixierte Referenz gibt es im Modell radikaler Interpretation nicht, Referenz in diesem Sinne erweist sich als bedeutungstheoretisch irrelevanter Begriff.

Obwohl Davidson aufgrund der strikteren Restriktionen, die er dem Feldlinguisten auferlegt, davon ausgeht, daß der Grad der Unbestimmtheit in seinem Modell insgesamt niedriger ist als in Quines, erhält er aber eine weitere Form von Unbestimmtheit, die Unbestimmtheit der Wahrheit. Der Grund dafür ist relativ simpel: »Wenn alle Daten gesammelt sind, [...] bleiben immer Schiebereien (›trade-offs‹) möglich zwischen den Überzeugungen, die wir einem Sprecher zuschreiben, und den Interpretationen, die wir seinen Worten geben« (1973a: 139). Doch inwiefern können zwei W-Theorien gleichermaßen angemessen sein, deren eine Äußerung A als falsch interpretiert, die andere aber als wahr?[24] A kann kaum beides zugleich sein. Dieses Rätsel klärt sich, so Davidson, wenn wir aufhören, eine Äußerung als zu einer bestimmten Sprache und keiner anderen gehörig zu betrachten. Vielmehr sollten wir Sprachen mit W-Theorien identifizieren. Dann bedeutet die Unbestimmtheit der Wahrheit, daß es keine rein empirische Frage ist, welche Sprache ein Sprecher spricht und welche Wahrheitsbedingungen seine Äußerungen haben, sondern daß immer ein Entscheidungsspielraum bleibt. Die entscheidende Leistung einer W-Theorie besteht damit nicht darin, jedem Satz eindeutige Wahrheitsbedingungen zuzuordnen, sondern vielmehr darin, daß sie Makro- und Mikrostruktur einer Sprache transparent macht. Jedem Satz ordnet sie aufgrund seiner logischen Form einen definiten Platz in der Makrostruktur zu, einen Platz, den einzig dieser Satz einnehmen kann. Zwischen empirisch äquivalenten Theorien mögen nun zwar die Wahrheitsbedingungen einer Äußerung variieren, deren makrostrukturelle Lokalisierung aber muß, so Davidson, invariant bleiben. Denn sie erscheint durch die verfügbaren Daten hinreichend determiniert: Ob ein Sprecher, der Satz S für wahr hält, auch S' akzeptiert, wird in radikaler Interpretation als beobachtbar angenommen. Damit verliert Unbestimmtheit in allen ihren Formen ihren Schrecken. Davidson illustriert den Unterschied zwischen verschiedenen empirisch äquivalenten W-Theorien für einen maximalen Datensatz anhand einer Analogie: Sie verhalten sich zueinander wie verschiedene Skalen zur Messung ein und derselben physikalischen Größe. »Unbestimmtheit der

Interpretation ist diesem Verständnis zufolge nicht unangenehmer als die Tatsache, daß Gewicht in Gramm oder in Unzen gemessen werden kann« (1980a: 6). Davidson folgert: »Die Bedeutung (Interpretation) eines Satzes wird dadurch angegeben, daß dem Satz ein semantischer Platz zugeordnet wird in der Struktur von Sätzen, aus denen die Sprache besteht« (1977a: 225). Und das bedeutet nicht, daß man, wenn man diesen Platz bestimmt, zusätzlich auch noch eine Bedeutung bekommt, sondern daß die Bedeutung eines Satzes genau darin besteht, diesen und keinen anderen Platz in der Makrostruktur einer Sprache innezuhaben. Dies ist für Davidson der einzige Inhalt, den der Begriff der Bedeutung hat.

Mrs. Malaprop: Die Dynamik des Verstehens

Davidsons Sprachphilosophie verfolgt das Ziel, eine theoretische Beschreibung linguistischer Kompetenz zu entwickkeln: Was bedeutet es, sprachliche Äußerungen zu verstehen? Anhand des paradigmatischen Verstehenden, des radikalen Interpreten, soll gezeigt werden, daß eine theoretische Beschreibung sprachlichen Verstehens aus einer für natürliche Sprachen modifizierten ›Wahrheitstheorie im Stile Tarskis‹ bestehen kann, deren Theoreme Kausalhypothesen repräsentieren. Eine solche Theorie ist empirisch testbar, und wer sie und ihren Status als W-Theorie einer Sprache L kennt, kann diese Sprache verstehen.

In diesem Sinne ist eine interpretative W-Theorie eine Bedeutungstheorie — doch damit dürfen keine falschen Erwartungen verknüpft werden: Eine solche Theorie beinhaltet keinen Bezug auf Bedeutungen im Sinne festgelegter, eindeutig zuzuordnender Entitäten. So etwas besitzen weder Wörter noch Sätze. Hacking, offensichtlich kein Sympathisant dieser Konklusion, bringt es polemisch auf den Punkt: »Davidson erweckt Bedeutung zu neuem Leben, indem er ihr den Todesstoß verabreicht.«[25]

Davidson zieht zwei weitere radikale Konsequenzen:

Erstens ist es für das Verständnis sprachlicher Äußerungen im Grunde irrelevant, welche Sprache ein Sprecher spricht. Jede Sprache ist prinzipiell zugänglich über die kausalen Beziehungen, die notwendigerweise zwischen den Überzeugungen des Sprechers und den Umständen seiner Äußerungen angenommen werden müssen. Keinerlei vorauszusetzende gemeinsame Sprache spielt eine essentielle Rolle für eine Theorie sprachlichen Verstehens (vgl. 1975: 157). Alles, was bisher gesagt wurde mit Bezug auf eine Sprache L, Objektsprache oder Wahrheit-in-L, muß damit so gelesen werden, daß L zuallererst der Idiolekt eines einzelnen Sprechers ist. Davon ausgehend können natürlich Sprechergemeinschaften mit (nahezu) derselben Sprache bestimmt werden – doch der Begriff der Sprache einer Sprechergemeinschaft ist dabei derivativ gegenüber dem der Sprache des einzelnen Sprechers.

Nun gilt aber zweitens gemeinhin als trivial, daß Bedeutung *konventionell* sei. Soll das mehr besagen, als daß die Wahl von Zeichen arbiträr ist, muß es im Sinne einer sozialen Konstitutionsthese gelesen werden: Was Worte oder Sätze bedeuten, ist demnach eine Frage der sozialen Praxis einer Sprechergemeinschaft.[26] Eine Sprache wäre dementsprechend ein System von Konventionen, von denen Idiolekte nur bedingt abweichen können, wenn sie verständlich bleiben sollen. Doch die These vom konventionellen Charakter von Sprache muß aufgegeben werden, so Davidson, wenn wir das Gedankenexperiment radikaler Interpretation ernst nehmen. Noch der von allen Konventionen seiner Sprechergemeinschaft befreite Idiolekt eines Nonkonformisten ist prinzipiell interpretierbar solange, wie wir via Kausalhypothesen einen Zugang dazu finden können. Soziale Konventionen, nach denen sich unser Sprechen und Interpretieren im großen und ganzen richtet, existieren zweifellos, aber sie sind letztlich philosophisch irrelevant. Konformismus erleichtert die Interpretation, ist aber keine Bedingung der Möglichkeit des Verstehens.

Eine solche Sicht der Dinge erlaubt individuellen Sprechern insbesondere den von der Norm und den Erwartungen der Kommunikationspartner abweichenden Gebrauch überkommener Ausdrücke, eigene Nuancierungen der Bedeutung und kreative Schöpfungen neuer Ausdruckskombinationen sowie wirklicher Neologismen. Gegen Davidsons Sprachphilosophie kann der verbreitete Vorwurf hermeneutischer Naivität nicht erhoben werden, der sich häufig gegen analytische Konzeptionen des Verstehens richtet; Davidson ist zur Erklärung gelingender Kommunikation nicht auf fixierte (Wort-)Bedeutungen angewiesen — im Gegenteil: »[...] alle sprachliche Kommunikation setzt das Zusammenspiel von erfinderischer Konstruktion und erfinderischer Rekonstruktion voraus« (1978: 245). In einem Aufsatz von 1986, der den markanten Titel »A Nice Derangement of Epitaphs« trägt, geht Davidson noch einen Schritt weiter und macht die Abweichung geradezu zum Testfall: Theorien, die nicht in der Lage sind, mit Malapropismen und ähnlichem umzugehen, also zu erklären, wie solche Fehlformulierungen ›richtig‹ verstanden werden können, müssen wesentliche Elemente sprachlicher Kommunikation mißverstanden haben.

Was sind Malapropismen? Im *Zauberberg* finden wir folgende Erläuterung: »Karoline Stöhr war entsetzlich. [...] Sie sagte ›Agonje‹ statt ›Todeskampf‹; ›insolvent‹, wenn sie jemandem Frechheit zum Vorwurf machte. [...] Mit den liegenden Schneemassen, sagte sie, sei es ›eine Kapazität‹; und eines Tages setzte sie Herrn Settembrini in lang andauerndes Erstaunen durch die Mitteilung, sie lese zur Zeit ein der Anstaltsbibliothek entnommenes Buch, das ihn angehe, nämlich ›Benedetto Cenelli in der Übersetzung von Schiller!‹«[27] Thomas Mann beschreibt die Eigentümlichkeiten des Idiolekts dieser Dame als »Bildungsschnitzer«, resultierend aus einer unseligen Vorliebe für Fremdwörter. Doch das Phänomen beschränkt sich nicht auf Verwechslung des eher Ungewöhnlichen, gar Exotischen. Wir alle kennen dieses Gefühl plötzlichen Erstaunens über die eigene Rede, wenn wir des unbeabsichtigt erfolgten Austauschs eines Wortes, das wir hatten benutzen wollen, durch ein anderes, meist aber klangähnliches gewahr werden. Malapropismen gehören zu unserer Alltagserfahrung wie ihre Vettern, die ›Freudschen Fehlleistungen‹, und erfolgen meist gänzlich absichtslos, seltener bei vollem Bewußtsein, als witzige oder geistreiche Beimischung individualistischer Diktion. Niemand hat ernstliche Interpretationsschwierigkeiten mit Malapropismen; jeder kompetente Interpret erfaßt, was gesagt werden soll, auch ohne daß die Worte die intendierte Bedeutung ›tatsächlich‹ hätten. So sind wir auch nur zögernd geneigt, die möglicherweise dahinterstehende Dramatik zu würdigen. Doch Davidson folgert: »Diese Phänomene bedrohen Standardbeschreibungen linguistischer Kompetenz (inklusive Beschreibungen, für die ich selbst verantwortlich bin)« (1986: 437).

Gerade weil wir Malapropismen problemlos interpretieren, hält Davidson sie für gefährlich. Sie führen ihn zu der spektakulären These, der Begriff einer Sprache sei überflüssig und eine theoretische Beschreibung linguistischer Kompetenz unmöglich. Diese These: »[...] so etwas wie eine Sprache gibt es nicht, jedenfalls nicht, wenn eine Sprache dem irgendwie ähnlich ist, was viele Philosophen und Linguisten angenommen haben« (1986: 446), ist allenthalben mit Entgeisterung aufgenommen worden, als eine Art mehr oder weniger intentionalen philosophischen Suizids, mindestens aber als entscheidender Bruch in Davidsons Philosophie.[28] Ich werde zu zeigen versuchen, daß es trotz der vorhandenen Elemente des Bruches eine Lesart gibt, die die Kontinuität zwischen dieser These und dem ›frühen‹ Davidson wiederherstellt.

Zunächst aber soll deutlich werden, worin das Skandalon der These von »A Nice Derangement of Epitaphs« besteht. Was haben wir von Davidson bisher über den Begriff einer Sprache erfahren? Vor allem dies: Welche Sprache ein Sprecher spricht, beschreibt der Radikalinterpret dadurch, daß er eine bestimmte W-Theorie auf sein Sprechverhalten anwendet. Eine Sprache ist damit wesentlich eine Struktur, die sich mit Hilfe der nomologischen Sätze einer empirischen Theorie beschreiben läßt. Bisher ist Davidson der Auffassung gefolgt, mittels einer solchen Strukturbeschreibung ließe sich zumindest der kritische Kernbereich linguistischer Kompetenz, das Verstehen buchstäblicher Bedeutungen, systematisch erfassen. Bedeutungstheoretische Überlegungen induzieren auf diese Weise eine Stufung des Verstehens in *semantisches* und *pragmatisches Verstehen*[29]: Alles, was ich zum semantischen Verstehen einer Äußerung wissen muß, sagt mir die W-Theorie. Sie erlaubt es jedoch nicht, den Äußerungsmodus (Frage, Drohung, Versprechen) festzustellen oder indirekte Mitteilungen, Ironie oder Metaphern zu entschlüsseln. Solch pragmatisches Verstehen erfaßt, wozu ein Satz im gegebenen Kontext *verwendet* wird, das heißt welche

Absichten ein Sprecher mit der Äußerung verfolgt. Das Verstehen des semantischen Gehalts von S verdankt sich demgegenüber allein der in diesem Sinne kontext- und intentionsunabhängigen Struktur einer Sprache und bildet die elementare Stufe des Verstehens, ohne die alles pragmatische Verstehen unmöglich erscheint. Noch ein für einen Einsiedler konzipiertes Modell radikaler Interpretation ist auf diese *semantische Priorität der Sprache* festgelegt, denn eine W-Theorie ist eine empirische Theorie: Der Radikalinterpret bleibt darauf angewiesen, Regelhaftigkeiten im Sprechverhalten noch des Eremiten festzustellen, die eine nicht auf seine Intention rekurrierende Strukturbeschreibung seiner Sprache erlauben.[30]

Diese Voraussetzung verwirft Davidson in »A Nice Derangement«. Was er dabei derangiert, sind die Prioritäten. Nicht der Struktur kommt semantische Priorität zu, sondern vielmehr den Intentionen des individuellen Sprechers. Wirklich bedrohlich werden Phänomene nicht-standardisierten Verstehens dabei erst, wenn man in ihnen nicht bloße Abweichungen, sondern *paradigmatische Fälle des Verstehens* sieht: »Ich denke«, so formuliert Davidson konsequenterweise, »solche Dinge passieren immerzu; das Phänomen ist, wenn die Bedingungen in natürlicher Weise verallgemeinert werden, tatsächlich allgegenwärtig« (1986: 433). Malapropismen müssen nicht ernstgenommen werden, weil alles Reden faktisch idiosynkratisch wäre, sondern aufgrund der *prinzipiellen* Offenheit allen Sprechens für Malapropismen und ähnliches; zwar ist nicht jeder Sprechakt unterwandert, aber er könnte es sein.

Was passiert nun aber beim Malapropismus? Betrachten wir den eher simplen Fall von Frau Stöhr, die ›Kalamität‹ und ›Kapazität‹ verwechselt. Sie versieht dabei ›Kapazität‹ mit der strukturellen Bedeutung, die konformistischere Leute ›Kalamität‹ beilegen. Was sie tatsächlich meint, versteht dementsprechend nur, wer in seiner Standard-W-Theorie die beiden Terme ebenfalls austauscht. Malapropismen werden also verstanden durch *Anpassung der verwendeten W-Theorie an die abweichenden Intentionen des Sprechers*. Dabei handelt es sich genaugenommen nicht um pragmatische Intentionen, wie sie z. B. für das Verstehen indirekter Mitteilungen eine Rolle spielen, sondern um »semantische Intentionen«: »Der Sprecher beabsichtigt, daß seine Worte so interpretiert werden, daß sie eine bestimmte Bedeutung haben« (1993: 3). In diesem Zusammenhang ist jedoch vor allem entscheidend, daß durch die Verschiebung von der in diesem Sinne kontextunabhängigen Struktur auf die kontextgebundenen semantischen Intentionen des Sprechers die Angemessenheit einer Interpretationstheorie *situationsrelativ* wird.

W-Theorien können nicht nur für einzelne Äußerungen bei bestimmten Gelegenheiten *falsch* sein; vielmehr sind sie prinzipiell nur für einzelne Äußerungen bei bestimmten Gelegenheiten *richtig*. Laut Davidson verfügt ein Interpret damit pro Äußerung über zwei W-Theorien, eine sogenannte ›prior theory‹ und eine den Erfordernissen der speziellen Äußerung angepaßte ›passing theory‹. Erfolgreiche Kommunikation findet statt, wo ›passing theory‹ des Interpreten und die semantischen Intentionen des Sprechers übereinstimmen. Und Davidson ist konsequent: »Solche Bedeutungen, so vergänglich sie sein mögen, sind dennoch buchstäblich« (1986: 442).[31] Dieses Ergebnis findet er fatal für eine Theorie linguistischer Kompetenz, denn keine der beiden Theoriearten enthält Hinweise darauf, wie die Kompetenz zum Wechsel von der einen zur anderen zu erklären wäre. Ein Sprecher kann demnach bei jeder Äußerung eine andere Sprache sprechen, sein Interpret bei jeder Äußerung eine von der vorhergehenden verschiedene W-Theorie verwenden. Deren Kenntnis aber erscheint nun vergleichsweise unwesentlich; es kommt vielmehr auf die Fähigkeit an, Theorien zu modifizieren und zu wechseln, eine Fähigkeit, die nichts spezifisch Linguistisches an sich hat: »[...] wir haben die Grenze dazwischen, eine Sprache zu kennen und sich generell auszukennen in der Welt, ausradiert. Denn es gibt keine Regeln, um zu ›passing theories‹ zu gelangen. Die Chance, diesen Prozeß zu regularisieren oder zu lehren, ist genauso gering wie die, den Prozeß der Entwicklung neuer Theorien zur Bewältigung neuer Daten in jedem anderen Gebiet zu regularisieren oder zu lehren — denn es ist genau dies, was dieser Prozeß beinhaltet« (1986: 446). Für Davidson verschmilzt linguistische Kompetenz nunmehr ununterscheidbar mit unserem sonstigen ›Weltwissen‹, einer allgemeinen Lebenskunst, die es uns mittels »Witz, Glück und Klugheit« erlaubt, uns zurechtzufinden und die Dinge, Ereignisse und anderen Personen um uns herum zu verstehen.

Aber schießt Davidson hier nicht weit über das hinaus, wofür er argumentiert hat? Daß eine W-Theorie eine Idealisierung nicht nur in synchroner, sondern auch in diachroner Perspektive ist, das heißt aus dem natürlichen Evolutionsprozeß eines Idiolekts nur eine ›gefrorene‹ Phase beschreibt — ist das wirklich so tragisch? Davidson scheint aus dem Phänomen idiosynkratischer Rede zu folgern, daß Kommunikation nicht nur ohne soziale Konventionen möglich ist, sondern auch ohne idiolektspezifische Regularitäten. Der bereits erwähnte Nonkonformist müßte noch nicht einmal den Regeln seiner eigenen Sprache folgen. *Dann* aber wäre eine W-Theorie, auch und gerade eine ›passing theory‹, zur Prognose der Bedeutung jeder zukünftigen Äußerung dieses Sprechers tatsächlich völlig wertlos. Spricht nicht aber Davidson selbst davon, daß der Sprecher mit seinen Äußerungen nur meinen kann, was der Interpret auch herausbekommen kann? Und heißt das nicht, daß er — im großen und ganzen — mit seinen Äußerungen das meinen sollte, was er immer damit meint?[32]

Die These von der ›Kommunikation ohne Regularitäten‹ läßt zwei Deutungen zu, je nachdem, ob die negierte Forderung nach Regelhaftigkeit eine starke ist oder eine schwache. Eine starke Forderung bestünde etwa darin, dem Sprecher zu sagen: »Verwende das Wort ›Kapazität‹ immer in derselben Weise, wenn du verstanden werden willst.« Verständlichkeit wäre an das Befolgen spezifischer lexikalischer Normen gebunden. Doch hier scheint Davidson recht zu haben: Selbst wenn Frau Stöhr nur ein einziges Mal äußerte, »mit den liegenden Schneemassen sei es eine Kapazität«, ihr Sprachgebrauch aber keinerlei weitere Auffälligkeiten aufweist, verstehen wir sie vollkommen. Und dies gilt selbst dann, wenn die verletzte Regel nicht die allgemein gebräuchliche für ›Kapazität‹ ist, sondern eine private. Verständlichkeit mag *praktisch* erschwert sein, theoretisch gefährdet ist sie nicht. Zudem kann die Abweichung auftreten, wo immer der Sprecher möchte — es gibt keine einzige starke Regularität, die nicht verletzbar wäre. Und das heißt, wir können keine einzige spezifische lexikalische Norm formulieren, an die der Sprecher sich notwendigerweise halten müßte.[33]

Dennoch, solange radikale Interpretation die Zugänglichkeit des fremden Idiolekts sichern soll, müssen Idiolekte eine gewisse schwache Regelhaftigkeit aufweisen. Auch wenn es keine expliziten lexikalischen Normen gibt, muß doch vom Sprecher gefordert werden: »Sprich hinreichend regelhaft, wenn du verstanden werden willst.«[34] Die radikale Lesart von »A Nice Derangement« verneint noch diese schwache Forderung nach Regelhaftigkeit. Doch diese Lesart generiert gewaltige Probleme. Nicht nur verlöre die Interpretationstheorie ihren empirischen Charakter, der Bruch in Davidsons Sprachphilosophie würde unheilbar; auch der verwendete Begriff der Aussageintention bliebe rätselhaft. Denn es gilt doch wohl noch immer, daß der Interpret zur Ermittlung von Intentionen keine anderen Daten hat als für Bedeutungen. Die Bedeutung von Äußerungen mit Hilfe eines solchen Begriffs von Intention zu explizieren, muß damit tautologisch bleiben; Intentionen und Bedeutungen ergeben sich aus der Perspektive des Interpreten gleichursprünglich aus dem Interpretationsprozeß. Zu sagen, daß ich eine Äußerung dann verstehe, wenn ich die Aussageintentionen des Sprechers kenne, heißt nicht mehr als daß ich eine Äußerung verstehe, wenn ich weiß, was der Sprecher damit meint: »Diese Charakterisierung linguistischer Kompetenz ist zirkulär genug, um nicht falsch sein zu können: sie besagt, daß die Fähigkeit sprachlich zu kommunizieren in der Fähigkeit besteht, sich verständlich zu machen und zu verstehen« (1986: 445). Favorisiert Davidson also selbst die radikale Lesart von »A Nice Derangement«? Anhand des Texts allein, meine ich, bleibt diese Frage unentschieden. Die dort angeführten Argumente bleiben defizitär, denn sie lassen Regularität im schwachen Sinne durchaus zu. Damit aber erscheint es plausibel, auf das konservative Element in der Theoriendynamik zu verweisen und darauf zu beharren, daß W-Theorien in der Beschreibung linguistischer Kompetenz eine essentielle Rolle spielen.

Eine weitaus stärkere Motivation der radikalen Lesart fände sich möglicherweise jedoch in Davidsons *Bedeutungsholismus*. Kehren wir noch einmal zur Frage des Theoriewechsels zurück. Was genau heißt es, daß eine Theorie nur für singuläre Äußerungen gilt? *Wie* verschieden sind verschiedene ›passing theories‹? Das entscheidende Problem scheint darin zu bestehen, daß sie offenbar beliebig verschieden sein können. Müssen nicht Malapropismen einem konsequenten Holisten als Beweis für die Fähigkeit eines Interpreten erscheinen, seine W-Theorie von einem Moment auf den anderen radikal zu verändern? Für ihn hat jede Veränderung der Theorie universale Konsequenzen. Wenn sich die Bedeutung eines jeden Wortes nur aus dem Strukturganzen der Sprache ergibt, dann affiziert auch jede Bedeutungsverschiebung die gesamte Struktur.[35] Müssen wir aber annehmen, der Interpret besitze diese Fähigkeit, so können wir zusätzlich folgern, auch die Regellosigkeit des Sprechens könne radikal sein, denn dadurch wird vom Interpreten nicht mehr verlangt als vorher. Jetzt kann es für den Wechsel der Theorien wirklich keine relevanten Anhaltspunkte in vorausgegangenen Äußerungen mehr geben. Mit Hilfe eines Radikalholismus erscheint die radikale These so zumindest motivierbar. Doch ich denke, hier führen holistische Prämissen zu Konklusionen, die es eher nahelegen sollten, die Prämissen zu hinterfragen. Meine These ist: Schränkt man den Bedeutungsholismus ein, dann läßt sich ein *dynamisches Modell des Verstehens* entwickeln, das idiosynkratischer Rede angemessenen Raum gibt, ohne jedoch gleichzeitig die Kontinuität zwischen dem Feldlinguisten und Mrs. Malaprop zu brechen.[36] Davidsons Argumentation zieht ihre Plausibilität aus der schlichten Tatsache, daß wir Malapropismen ›richtig‹ verstehen. Deshalb ist es entscheidend zu fragen, ›wieviel Malapropismus‹ wir verstehen können. Plausibel scheint, daß im — verbalen oder nonverbalen — Äußerungskontext hinreichende Anhaltspunkte vorhanden sein müssen, die die intendierte Bedeutung erkennbar werden lassen. Der Interpret ›restauriert‹ die Äußerung dann dahingehend, daß letztlich eine der ursprünglichen weitgehend ähnliche W-Theorie anwendbar ist, deren Struktur sich nur lokal geändert hat.

Solche Argumente sollten nicht zu der Schlußfolgerung verleiten, das Malaprop-Argument sei bedeutungslos. Zur bloßen Anwendung einer Bedeutungstheorie auf Fälle von Äußerungen tritt ein Element hinzu: die Fähigkeit, die Theorie kontinuierlich zu modifizieren, sie Malapropismen und Neologismen anzupassen oder einfach der fortschreitenden Evolution jeden natürlichen Idiolekts. Ein dynamisches Modell des Verstehens trägt diesem essentiellen Aspekt alltäglicher Kommunikation Rechnung: Linguistische Kompetenz wird als Kenntnis und Fähigkeit zur Weiterentwicklung von W-Theorien beschrieben. Gehen wir dabei aber davon aus, daß von Theorie zu Theorie ein signifikanter Teil invariant bleibt und daß dieser intakte Teil es ermöglicht, Veränderungen überhaupt sinnvoll vorzunehmen, so erscheint das dynamische Modell mit radikaler Interpretation vereinbar. Aufgegeben werden muß die vom Gedankenexperiment implizierte Annahme, der Prozeß radikaler Interpretation sei abschließbar bzw. der Interpret verfüge über maximales Datenmaterial. Dieses Ergebnis läßt sich auch so formulieren: Interpretiert wird immer mit idiosynkrasiesensitiven, und das heißt kontextsensitiven Fragmenten von W-Theorien. Die eine holistische W-Theorie für einen Sprecher aber gibt es nicht — zwar wird sie in jedem Interpretationsakt unterstellt, doch diese Unterstellung bleibt kontrafaktisch. Obwohl uneinholbar, sichert Davidsons Radikalinterpret damit jenen Horizont universaler Verständlichkeit, ohne den laut *Principle of Charity* kein Verstehen möglich wäre.

In einem dynamischen Modell des Interpretationsprozesses werden W-Theorien kontinuierlich *modifiziert*, nicht aber permanent neue kreiert. Der damit vertretene Holismus ist ein moderater. Lokale Bedeutungsverschiebungen verändern relevante Teilstücke der Strukturbeschreibung einer Sprache, also das im Kontext relevante Theoriefragment, das nur einen Teil der mikro- und makrostrukturellen Relationen der betroffenen Worte und Sätze umfaßt, nie aber deren Gesamtheit. Aus der These von »A Nice Derangement« ist nur dann ein konsistenter Ansatz zur Erklärung linguistischer Kompetenz zu gewinnen, wenn auch das konservative Element in der Dynamik des Verstehens gesehen wird. Linguistische Kompetenz geht auch dann über die Fähigkeit hinaus, Bedeutungstheorien auf Fälle anzuwenden, aber sie gerät nicht zur rätselhaft bleibenden Lebenskunst. Auch wenn sich die kontinuierliche Arbeit an unseren Interpretationstheorien nicht restlos regularisieren läßt, so gibt es doch spezifizierbare Daten, sprachliche und außersprachliche, auf die sich solche Theorien beziehen und an denen sie sich bewähren müssen.

III. Das »Principle of Charity«

Trotz der entscheidenden Bedeutung des *Principle of Charity* für ein Davidsonsches Konzept radikaler Interpretation ist das Echo, das es in der Literatur findet, eher spärlich. Auch wird es oft kritisiert und verworfen, ohne wirklich verstanden worden zu sein, so z. B. wenn Hacking es als »Faustregel zur Unterdrückung unserer romantischen Neigungen« charakterisiert, um es im nächsten Atemzug als Ausdruck eines linguistischen Imperialismus zu denunzieren.[1] Andere Kommentatoren sind weniger polemisch, doch im wesentlichen löst das *Principle of Charity* kritische Resonanz aus. Das ändert sich erst in jüngster Zeit mit der Publikation einiger differenzierter und im wesentlichen positiver Artikel zum Thema.[2]

Erfunden wird das *Principle of Charity* dagegen bereits 1959: Neil Wilson führt es als Prinzip zur Bestimmung der Referenz von Eigennamen ein.[3] Ein ähnliches Prinzip nimmt Quine für sein Gedankenexperiment radikaler Übersetzung in Anspruch: Der Feldlinguist, der ein Übersetzungshandbuch für eine radikal fremde Sprache erstellen will, verwendet es zur Identifikation logischer Konstanten. Er muß die Äußerungen der Sprecher so übersetzen, daß sie die elementaren Gesetze der Logik nicht verletzen. Auch Davidson verwendet das *Principle of Charity* als Maxime für den Feldlinguisten, doch im Unterschied zu Quine wendet sein Radikalinterpret diese Maxime in Gestalt einer *allgemeinen*

Wahrheits- und Konsistenzunterstellung auf alle Äußerungen der Sprecher an: »Vom formalen Standpunkt betrachtet, hilft das ›Principle of Charity‹, das Problem der Interaktion von Bedeutung und Überzeugung zu lösen, indem es die Freiheitsgrade, die Überzeugungen erlaubt sind, einschränkt, während bestimmt wird, wie Worte zu interpretieren sind« (1983: 316).

Obwohl das *Principle of Charity* im Modell radikaler Interpretation nun zur Voraussetzung allen Verstehens avanciert, widmet auch Davidson selbst dieser Maxime verhältnismäßig wenig Aufmerksamkeit. Hinweise darauf finden sich zwar an zahlreichen Stellen, doch sind diese weit verstreut, meist kurz, und eine systematische Darstellung sucht man vergebens.[4]

Eine Klärung vorab: Ist das *Principle of Charity* nun eine Maxime, also eine Handlungsanweisung, oder eine Präsupposition, also eine notwendige Unterstellung? Im Modell radikaler Interpretation ist es beides: Was der radikale Interpret tun muß, um Verstehen zu erarbeiten, ist im alltäglichen Verstehen immer schon vorausgesetzt. Und doch hat auch für ihn das *Principle of Charity* zugleich den Charakter einer notwendigen Unterstellung. Weil er die Äußerungen der Sprecher nur als im wesentlichen wahr und ihre Überzeugungen als im wesentlichen konsistent interpretieren kann, supponiert er, daß sie es sind.[5]

In Davidsons Darstellung zerfällt das *Principle of Charity* zu einer Anzahl lose verbundener Maximen für den Radikalinterpreten. Sie lassen sich, wie bereits angedeutet, zwei generellen Prinzipien subsumieren, dem der Wahrheits- und dem der Konsistenzunterstellung.

1. Das Prinzip der Wahrheitsunterstellung

Der radikale Interpret beginnt mit okkasionellen Sätzen. Unterstellt wird, daß die Bedingungen, unter denen ein Sprecher einen Satz für wahr hält, die Wahrheitsbedingungen dieses Satzes sind. Unterstellt wird, anders formuliert, daß ein Satz S wahr *ist*, wenn der Sprecher S für wahr hält. Der Interpret bringt die Wahrheitsunterstellung zum Ausdruck, indem er S mit einem Satz S' der Metasprache korreliert, den er selbst unter genau den Bedingungen für wahr hält, unter denen der Sprecher S für wahr hält. Auf die Ebene der Überzeugungen übertragen, heißt das, daß der Interpret als Wahrheitsbedingungen eines okkasionellen Satzes auffaßt, wovon er selbst dann und nur dann überzeugt ist, wenn der Sprecher S für wahr hält.

Jetzt kann genauer bestimmt werden, worin die Beziehung besteht, die okkasionelle Sätze zwischen Sprache und Welt herzustellen erlauben. Mit den W-Äquivalenzen für okkasionelle Sätze stellt der Interpret laut Davidson Kausalhypothesen auf; sie korrelieren Überzeugungen mit deren Ursachen, das heißt mit beobachtbaren Objekten und Ereignissen der Außenwelt. Überzeugungsinhalt und -ursache werden gleichgesetzt: x ist überzeugt, daß es regnet, weil es regnet. Vorausgesetzt, beide befinden sich in derselben Wahrnehmungssituation, sind nun Sprecher wie Interpret gleichermaßen überzeugt, daß es regne. Jede W-Äquivalenz ist damit Ausdruck zweier Kausalhypothesen, einer in bezug auf die Ursachen der Überzeugung des Sprechers und einer weiteren in bezug auf die des Interpreten. Wenn der Interpret schließlich den Inhalt seiner eigenen Überzeugung mit dem Inhalt der Überzeugung des Sprechers identifiziert, setzt er voraus, daß sich beide Überzeugungen auf dieselben Objekte und Ereignisse beziehen, und zwar einzig aufgrund ihrer Kausalgenese.

Das Prinzip der Wahrheitsunterstellung verpflichtet Davidson damit auf einen bedeutungstheoretischen *Externalismus*: In den einfachsten Fällen, den Regenwetter-Sätzen und den Regenwetter-Überzeugungen, muß der Radikalinterpret die Bedeutung der Äußerung bzw. den Inhalt der Überzeugung mit Hilfe einer Korrelation von Äußerung und externem Gegenstand bestimmen. Die Überzeugungsinhalte eines Sprechers sind damit nicht unabhängig von der Welt um ihn herum — jede Position, die dieser generellen negativen These zustimmt, ist eine Form von Externalismus.[6]

Der Interpret, der das Prinzip der Wahrheitsunterstellung anwendet, unterstellt zweierlei: erstens die Existenz einer in einem näher zu bestimmenden Sinne ›objektiven‹ Welt, in der alle Sprecher leben. Zweitens aber wird unterstellt, daß die Objekte und Ereignisse dieser Welt gleichermaßen in kausaler Interaktion mit jedem Sprecher stehen und sich als Ursachen von Überzeugungen in jeder Sprache reflektieren. Dadurch wird die objektive Welt als geteilte (›shared world‹) bestimmt, als *intersubjektiv zugängliche Realität:* »Um die Sprache eines anderen zu verstehen, muß ich in der Lage sein, meine Gedanken auf dieselben Gegenstände zu richten wie er; ich muß seine Welt mit ihm teilen« (1982c: 327).

Der Interpret, der die Ursachen von Überzeugungen zu beschreiben sucht, um herauszufinden, wann ein Satz wahr ist, nimmt letztlich an, daß es für jeden Satz jeder Sprache dasselbe bedeutet, wahr zu sein. Er interpretiert das W-Prädikat seiner W-Theorie als translinguistischen, allen Sprechern jedweder Sprache gemeinsamen vortheoretischen Wahrheitsbegriff. Er muß schon wissen, was ›wahr-in-L‹ bedeutet, um überhaupt beurteilen zu können, ob bestimmte Daten seine hypothetischen W-Äquivalenzen stützen, und davon ausgehen, daß dieselbe Relation zwischen Daten und Hypothesen für jede Sprache inklusive seiner eigenen gilt (vgl. 1977a: 223).

Ausgangspunkt der Sprachphilosophie Davidsons ist damit ein *intuitives* Konzept von Wahrheit, das jeder Interpret schon immer verstanden haben muß, um verstehen zu können. Dieser Begriff ist nicht weiter analysierbar, er muß vorausgesetzt werden, wenn eine W-Theorie als interpretative Bedeutungstheorie gelesen werden soll. Und darin sieht Davidson kein Problem, denn »Wahrheit ist einer der klarsten und grundlegendsten Begriffe, den wir haben, also ist es fruchtlos, davon zu träumen, ihn zugunsten von etwas Einfacherem oder Fundamentalerem zu eliminieren« (1989: 314). Genau das Gegenteil aber gelte für den Begriff der Bedeutung. So wird Wahrheit für Davidson zum Schlüsselkonzept der Semantik, aus dem das Verständnis aller anderen semantischen Begriffe abgeleitet werden kann und muß.[7]

2. Die Prinzipien der Konsistenzunterstellung

Wird durch das Prinzip der Wahrheitsunterstellung die Interpretation der in okkasionellen Sätzen verwendeten Worte ermöglicht, reicht dies jedoch nicht hin, für alle Äußerungen Verständlichkeit zu sichern. Weitere Restriktionen sind notwendig, um die Zahl möglicher Überzeugungen zu beschränken. Diese lassen sich zusammenfassen als *Prinzipien der Konsistenzmaximierung*.

Diese ist eine Forderung an die Überzeugungen des Sprechers bzw. deren Rekonstruktion durch den Interpreten. Was bedeutet Konsistenz in diesem Zusammenhang? Davidson äußert sich dazu nicht explizit, doch klar scheint, daß auf jeden Fall logische Konsistenz gefordert wird. Schon im ersten Schritt radikaler Interpretation werden die Äußerungen des Sprechers der Quantorenlogik angepaßt. Damit ist weitgehend ausgeschlossen, daß ein Sprecher so interpretiert wird, als behaupte er z. B. etwas der Form ›p und nicht-p‹. Um jedoch eine wirkungsvolle Restriktion für mögliche Überzeugungen abzugeben, muß Konsistenz weiter gefaßt werden. Künne schlägt vor, das inkonsistent zu nennen, »was notwendigerweise falsch ist«.[8] In diesem Sinne wäre es inkonsistent, sich widersprechende Überzeugungen zu haben, das heißt, ein Sprecher dürfte nicht dahingehend interpretiert werden, daß er zwei Sätze gleichermaßen für wahr hält, wenn deren Konjunktion notwendigerweise falsch ist. Es ist davon auszugehen, daß Davidson einen weiten Konsistenzbegriff vor Augen hat. Davidson spricht auch dann von ›Inkonsistenz‹, wenn Handlungen und Überzeugungen widersprüchlich erscheinen, z. B. in bezug auf Phänomene irrationalen Handelns. Praktische Inkonsistenzen auf notwendigerweise falsche Sätze zurückführen zu wollen, erscheint indessen problematisch, denn Widersprüchlichkeit zwischen Überzeugungen und Handlungen ergibt sich aus komplexen Abwägungsprozessen und ist nicht notwendigerweise formallogisch beschreibbar. Konsistenz sollte dementsprechend im weitesten Sinne interpretiert werden.

Davidson fordert nun Konsistenzmaximierung im Sinne von

(1) Konsistenz zwischen Sprecher und Interpret und

(2) Selbstkonsistenz des Sprechers in verbalem sowohl als auch nonverbalem Verhalten.

(1) beschreibt Davidson häufig als ›Übereinstimmungs-

maximierung‹ (›maximizing agreement‹) zwischen Sprecher und Interpret, doch das ist mißverständlich. Es geht nicht darum, abweichende Meinungen als Unsinn zu disqualifizieren. Davidson behauptet lediglich, daß Uneinigkeit nur möglich ist, wenn man sich einig ist darüber, worum es geht. Wenn ich meinem Diskurskontrahenten zuviele schlichtweg unsinnige Ansichten unterstellen muß, liegt der Verdacht nahe, daß er über etwas anderes redet als ich. Davidson illustriert diese Überlegung an einem Beispiel: »Wie klar ist unsere Vorstellung, daß die Alten Griechen — einige Alte Griechen — glaubten, die Erde sei flach? *Diese* Erde? Nun, diese unsere Erde gehört zum Sonnensystem, einem System, das zum Teil dadurch identifiziert ist, daß es eine Herde großer, kalter, fester Körper ist, die um einen sehr großen, heißen Stern kreisen. Wenn jemand *nichts* davon über die Erde glaubt, ist es dann sicher, daß es die Erde ist, auf die sich Gedanken beziehen?« (1975: 168) An diesem Beispiel wird deutlich, daß Überzeugungen in ganz ähnlicher Weise vernetzt gedacht werden müssen wie Sätze. Jede Überzeugung ist mit unzähligen anderen verbunden, die dieselben oder ähnliche Gegenstände bzw. Inhalte betreffen. Wie Sätze werden Überzeugungen als Überzeugungen über einen bestimmten Gegenstand bzw. mit einem bestimmten Inhalt nur anhand ihrer Verbindung mit anderen Überzeugungen identifizierbar. Sie treten nie einzeln auf. Es ist beispielsweise wenig sinnvoll, einem Hund die Überzeugung zuzuschreiben, die Katze sei auf jenen Baum geklettert, ohne gleichzeitig bereit zu sein, ihm weitere Überzeugungen über den fraglichen Gegenstand zuzuschreiben, die diesen als jenen Baum identifizierbar machen (vgl. 1982c: 318ff.). Diese holistische Auffassung der Überzeugungen ist eng verwandt mit dem Bedeutungsholismus. Davidson spricht vom »holistic character of the mental« (1982b: 302) — ein schwer übersetzbarer Term, der beide Arten von Holismus vereinigt. Wie die Bedeutung von Äußerungen werden auch die Überzeugungen eines Sprechers nur im Kontext weiterer Überzeugungen identifizierbar. Der ›Holismus des Mentalen‹ erscheint so als Konsequenz der komplementären Rollen, die Überzeugungen und Bedeutungen für die Interpretation von Sprechverhalten spielen. Die Makrostruktur einer Sprache kann, wie dargestellt, mit Hilfe einer W-Theorie transparent gemacht werden. Es soll nun für Überzeugungen gelten, daß, wer einen Satz für wahr hält, auch die daraus ableitbaren Sätze für wahr halten muß — insofern sollten die Makrostruktur seines Idiolekts und die Überzeugungsstruktur eines Sprechers weitgehend analog sein. In diesem grundlegenden Sinne identifiziert Davidson die Konsistenzunterstellung (2) als *Rationalitätspräsupposition:* Unterstellt wird, daß ein Sprecher rational ist, daß also seine Überzeugungen in Begründungsverhältnissen zueinander stehen (vgl. 1980a: 6f.). Solche Relationen nennt Davidson ›relations of evidential support‹, ich werde von ›evidentiellen Begründungsrelationen‹ sprechen: Meine Annahme, Behauptung S sei wahr, stützt meine Überzeugung von der Wahrheit weiterer damit zusammenhängender Behauptungen S', S'' etc. Im eher minimalistischen Sinne der Rationalitätspräsupposition ist es dann rational, von S', S'' etc. überzeugt zu sein, wenn ich von S überzeugt bin. Rationalitätspräsupposition und Holismus des Mentalen ergeben zusammen die Annahme, daß ein Sprecher über ein Netzwerk miteinander konsistenter Überzeugungen verfügt.

Spätestens hier kann ein bisher geduldiger Opponent einen vermeintlichen Joker aus dem Ärmel ziehen: Daraus, daß Überzeugungen »nur in Mustern festgestellt werden können«, so z. B. Rüdiger Bittner, »folgt nicht eine Vernünftigkeit von Meinenden. Es folgt nur, daß ›Meinungsforscher‹ auf diese Art verfahren müssen.«[10] Sicher, der Interpret *unterstellt* die Rationalität des Sprechers, weil es nicht anders geht. Richtig ist auch, daß Davidson damit keineswegs nur eine epistemologische These vertreten will; in radikaler Interpretation soll sich vielmehr zeigen, was Intentionalität ist, also was es heißt, Überzeugungen, Wünsche und Intentionen zu haben und auszudrücken. Davidson deshalb aber »undurchschauten Verifikationismus« vorzuwerfen, erscheint unbedacht. Denn die in Anspruch genommene Illuminationsfunktion radikaler Interpretation schwebt keineswegs unbegründet in der Luft. Vielmehr verdankt sie sich der wohl grundlegendsten Annahme dieser Bedeutungstheorie überhaupt – der Öffentlichkeit von Bedeutung und Überzeugungsinhalt. Weil Bedeutungen und Überzeugungsinhalte öffentliche Gegenstände sind, erhellt Interpretation ihre Natur. Wer diese Verbindung lösen wollte, wäre daher mit der nicht ganz leichten Aufgabe konfrontiert zu zeigen, wie wir ohne Öffentlichkeit auskommen könnten.

Die Konsistenzmaxime erscheint weit egalitärer, auch spektakulärer, als sie tatsächlich ist. Letztlich wird gefordert, daß so viel Übereinstimmung hergestellt wird, wie nötig ist, um die divergierende Ansicht des anderen überhaupt zu verstehen. Konsistenz ist hauptsächlich da verlangt, wo es um das wirklich Triviale geht. So macht es beispielsweise wenig Sinn, eine Anzahl von Sätzen, die ein Sprecher äußert, als Sätze über Hunde zu interpretieren, wenn gleichzeitig einige weitere Sätze dann so interpretiert werden müssen, daß Hunde zwei Beine und Federn haben, fliegen können und gackern (vgl. 1985a: 91). Damit wird klar, warum es zunächst so wenig plausibel erscheint zu behaupten, Kommunikation setze weitgehende Übereinstimmung voraus: Dies sind nicht die Dinge, die Diskussionen entfachen. Lapidar gesagt, stellt Konsistenzmaximierung sicher, daß der Interpret weiß, daß der Sprecher ›Hund‹ meint, wenn er ›Hund‹ sagt.

Die Schwierigkeit besteht nun darin, Aussagen darüber zu treffen, *welche* Überzeugungen unerläßlich sind bzw. *wieviel* Übereinstimmung nötig ist, um Verstehen zu sichern. Wieviele und welche Irrtümer können zugelassen werden? Die Antwort liegt nahe — so wenig als möglich. Als Maßstab des Theorievergleichs müßte das Prinzip der Konsistenzmaximierung dementsprechend lauten: Je weniger Irrtümer dem Sprecher durch die Anwendung einer W-Theorie unterstellt werden müssen, desto besser ist die Theorie. Doch diese Version ist zu undifferenziert. Erstens sind Fehler schwer zu individuieren, denn aufgrund der Vernetzung von Überzeugungen hat jeder Fehler eine Art Dominoeffekt zur Folge — wer einem Irrtum unterliegt, von dem muß angenommen werden, daß er eine Reihe damit eng verbundener Irrtümer ebenfalls begeht. Zweitens müßte diese undifferenzierte Variante des Prinzips der Konsistenzmaximierung so gelesen werden, daß eine Interpretation, die die Aussage eines Sprechers als wahre Aussage versteht, in jedem Falle und ungeachtet weiterer Umstände einer alternativen Interpretation vorzuziehen ist, die derselben Aussage einen Irrtum zugrunde legt. Beispiele, in denen diese falsch verstandene Karitas zu Problemen führt, finden sich in der Literatur: Gerade auf einer Party eingetroffen, behauptet Paul: »Der Mann mit dem Martini ist ein Philosoph.«[11] Nun befindet sich im Gesichtskreis Pauls zwar ein Mann mit Martiniglas, doch der ist weder Philosoph, noch befindet sich in seinem Glas Martini. Im Garten jedoch, für Paul nicht wahrnehmbar, hält sich der einzige Martini trinkende Gast dieser Festivität auf, und dieser ist — es war zu erwarten — Philosoph. Wäre es in diesem Fall ein Gebot des

Principle of Charity, Paul zu unterstellen, er habe eine wahre Aussage (über den Mann im Garten) gemacht, so wird die Nützlichkeit dieses Prinzips fraglich. Solange der Interpret Pauls über keine weiteren Informationen darüber verfügt, wie Paul zu dieser wahren Überzeugung gekommen sein könnte, erscheint es angemessener, Paul eine falsche Überzeugung zuzuschreiben.

Damit wäre eine erste Antwort auf die Frage nach den zuzulassenden Irrtümern erreicht: Falsche Überzeugungen müssen dann zugeschrieben werden, wenn dem Interpreten keine plausible Erklärung dafür möglich ist, wie ein Sprecher zu einer richtigen Überzeugung hätte gelangen können. Dementsprechend heißt es bei Davidson, den Sätzen des Sprechers sollten Wahrheitsbedingungen zugeschrieben werden, »die ›native speakers‹ Richtiges sagen lassen *wo plausiblerweise möglich*« (1973a: 137; Hervorhebung von K.G.).

Einen weiteren Hinweis zur Differenzierung des Prinzips der Konsistenzmaximierung liefert Davidson mit der Bemerkung: »[...] sobald die Theorie Gestalt anzunehmen beginnt, wird es ohnehin sinnvoll, verständliche Irrtümer zu akzeptieren und der relativen Wahrscheinlichkeit verschiedener Arten von Fehlern Rechnung zu tragen« (1973a: 136). Zu Beginn radikaler Interpretation können mögliche Fehler nicht berücksichtigt werden, weil der Interpret keine Möglichkeit hat, herauszufinden, worin diese bestehen sollten. Erst auf der Basis einer größeren Anzahl empirisch gut gestützter W-Äquivalenzen kann sinnvoll von Abweichungen gesprochen werden. So läßt sich laut Davidson anhand der Situation des Radikalinterpreten eine grobe Gewichtung möglicher Fehler und Irrtümer gewinnen; Fehler, die er nicht oder kaum zulassen kann, ohne sein Projekt schon zu Beginn aufzugeben, sind gewichtiger als Fehler, die im Verlaufe der Theoriekonstruktion tolerierbar werden, ohne die gesamte vorher geleistete Arbeit zu destruieren. Eine solche Gewichtung erscheint entsprechend der Überlegung plausibel, daß die Tatsache, daß jemand noch nicht einmal in der Lage ist, vernünftige Auskünfte über das Wetter zu erteilen, eher ein Grund ist, seine intellektuellen Fähigkeiten in Zweifel zu ziehen, als gelegentliche Irrtümer hinsichtlich hochtheoretischer Fragen. Ein weniger gewichtiger Fehler ist demzufolge einer, dessen Dominoeffekt weniger weit reicht, der sich im Netz der Überzeugungen nur lokal auszubreiten imstande ist.

Auch an dieser Stelle wird eine Spannung zwischen Davidsons Holismus und seiner Beschreibung des Prozesses der Theoriekonstruktion deutlich. Eine konsequent holistisch gedachte Struktur ist eine, in der jedes Element mindestens indirekt mit jedem anderen in Beziehung steht. Diese Beziehungen sind wechselseitig, das heißt eine solche Struktur hat keinen Anfang, sie gleicht einem dreidimensionalen Geflecht. Ganz gleich, an welcher Stelle ein Element verändert wird, in einer solchen Struktur wird jedes andere Element davon affiziert: Ändert sich eine der Beziehungen zwischen den Elementen, ändern sich alle. Davidson behandelt nun falsche Überzeugungen als mehr oder weniger gewichtig, als mehr oder weniger destruktiv für ein Überzeugungssystem. Die Abhängigkeiten werden dabei offenbar ausgehend vom konkret Gegenständlichen in Richtung des Abstrakteren konzipiert, ohne daß konsequent holistische Rückkopplung bestünde. Diese Spannung überträgt sich auf den Bedeutungsholismus: Um den Gegenstand einer Kontroverse identifizieren zu können, müssen die Kontrahenten eine gewisse Anzahl von Überzeugungen bezüglich dieses Gegenstands teilen. Wäre das nicht der Fall, so Davidson, könnten wir nicht davon ausgehen, daß der Sprecher den Begriff des Interpreten z. B. von der Erde teilt. Vielmehr spräche er dann über etwas anderes, und die vermeintliche Kontroverse entpuppte sich als bloßes Aneinander-Vorbei-Reden. Um denselben Begriff von einer Sache zu haben, müssen Sprecher und Interpret eine gewisse Anzahl von Überzeugungen bezüglich eines Gegenstands teilen, nicht aber alle. Und wie im Beispiel der Alten Griechen auch deutlich wird, ist dabei nicht jede Überzeugung gleich wichtig — es müssen vielmehr diejenigen Überzeugungen geteilt werden, die für das Verständnis des jeweiligen Begriffs entscheidend sind. Um also dieselbe Überzeugung formulieren zu können, müssen die Makrostrukturen der Idiolekte von Sprecher und Interpret nicht vollständig übereinstimmen; bedeutungskonstitutiv ist immer nur eine gewisse Anzahl logischer Relationen des fraglichen für wahr gehaltenen Satzes. Das scheint einerseits nur zu plausibel — schließlich könnten wir anderenfalls über nichts in der Welt mehr unterschiedlicher Meinung sein, weil schlicht keine Möglichkeit bestünde, über dasselbe zu reden. Dieser Befund indessen generiert Probleme nicht nur, weil er einen radikalen Bedeutungsholismus verbietet. Davidson ist noch nicht geholfen, wenn einfach die Radikalität des Holismus gemäß verstehenspragmatischer Erwägungen entschärft wird. Denn es stellt sich die Frage, welche der Überzeugungen über einen Gegenstand geteilt werden müssen. Auch wenn es plausibel erscheint, daß die Menge der bedeutungsrelevanten Überzeugungen nicht klar umrissen ist, gerät der moderate Holist, wenn er bestimmte Überzeugungen generell als essentiell für die Bedeutung eines Begriffs anzusehen versucht, in die Gefahr, eine unexplizierte analytisch-synthetische Unterscheidung einzuschmuggeln. Auf eine solche

Unterscheidung kann sich aber seit Quines klassischem Aufsatz »Two Dogmas of Empiricism« niemand ohne Argument berufen; schon gar nicht Davidson, der diese Unterscheidung mit Quine aufgibt.[12]

Diese Spannungen lassen sich jedoch unter Rekurs auf eines der Ergebnisse des vorigen Kapitels auflösen. Dort hatten wir gesehen, daß Phänomene idiosynkratischer Rede ebenfalls einen moderaten Holismus fordern. Zudem kann Interpretation nur mit kontextsensitiven Theoriefragmenten beschrieben werden; welche Überzeugungen und welche makrostrukturellen Relationen aber jeweils relevant sind und welche nicht, *wechselt mit dem Kontext*. Eine kontextsensitive Gewichtung von Fehlern erscheint so möglich und plausibel.[13]

Die Prinzipien der Konsistenzmaximierung fordern, um die Überlegungen zusammenzufassen, Fehler und Irrtümer nur dann zuzulassen, wenn sie mit guten Gründen erklärt werden können und ihre Reichweite innerhalb der Überzeugungsstruktur eines Sprechers lokal begrenzt bleibt.[14]

Wie hängen nun Wahrheitsunterstellung und Konsistenzmaximierung zusammen? Es hat den Anschein, als wären die beiden Aspekte des *Principle of Charity* nur insofern verbunden, als der radikale Interpret mit Wahrheitsunterstellungen sein Projekt beginnt und es unter der Maxime fortsetzt, Konsistenz zu maximieren. Jedoch ist schon mit der Annahme, ein Sprecher halte einen Satz für wahr, zu viel über das System seiner Überzeugungen vorausgesetzt, als daß der radikale Interpret ohne Konsistenzunterstellungen auskäme, denn Überzeugungen sind immer Teil eines Netzes. Der Interpret ist damit von Anfang an auf die Unterstellung angewiesen, der Sprecher verfüge über ein ganzes Überzeugungs*system*. Berücksichtigen wir, wie der Radikalinterpret seine ersten Schritte zum Verstehen unternimmt: Angesichts eines mit Regen korrelierten Satzes beispielsweise nimmt er an, der Sprecher sei genau wie er selbst davon überzeugt, es regne. Entsprechend reagiert er auf jeden okkasionellen Satz, der geäußert wird. Die initiale Rationalitätsunterstellung des Radikalinterpreten besteht demzufolge in der zunächst vollständigen Projektion der eigenen Überzeugungsstruktur auf den fremden Sprecher. Differenzen beider Strukturen werden erst im Verlauf des Interpretationsprozesses feststellbar, und die zunächst angenommene Struktur wird dann Modifikationen zugänglich. Vor der Maximierung von Konsistenz bei fortgeschrittener Interpretation steht eine Unterstellung vollständiger Konsistenz zwischen Interpret und Sprecher.

Damit aber erweist sich der Zirkel des Verstehens als echter hermeneutischer Zirkel. Der Versuch, in diesen aus der Interdependenz resultierenden Zusammenhang voraussetzungslos einzudringen, erscheint aussichtslos. Davidsons ursprüngliche Idee, mit dem Für-wahr-Halten den nahezu präsuppositionslosen Schlüssel zum Verstehen zu haben, muß revidiert werden (vgl. 1980: 8). »Um besser zu verstehen, muß man schon verstanden haben. Alle anderen Bemühungen bleiben fruchtlos oder verfehlen die Aufgabe. Diesen hermeneutischen Zirkel konstruiert Davidson mit Hilfe von Tarskis semantischer Wahrheitsdefinition«, schreibt Bubner.[15] Als Sprecher und Interpreten von Sprache aber stehen wir immer schon innerhalb dieses Zirkels. Das Gedankenexperiment radikaler Interpretation soll die Maximen des radikalen Interpreten als die ausweisen, die wir tagtäglich in Anspruch nehmen, um zu kommunizieren und unsere Intentionen zu verwirklichen. Wenn der Interpret diese Voraussetzungen macht, springt er nicht von außen hinein in einen fremden

Zirkel des Verstehens, sondern nimmt an, daß es ein und derselbe Zusammenhang von Sprecher, Interpret und Welt ist, in dem Sprecher aller Sprachen und ihre Interpreten stehen.[16]

3. Ein weiter Interpretationsbegriff

Das *Principle of Charity* zwingt den Davidsonschen Radikalinterpreten zu einer initialen Übertragung seiner eigenen Überzeugungsstruktur auf den Sprecher, um auf dieser Basis dessen Überzeugungen und die Bedeutung seiner Worte zu ermitteln. Ist es ihm gelungen, okkasionelle Sätze zu verstehen, versucht er, seine Theorien mit Hilfe der Relationen evidentieller Begründung auf alle anderen Äußerungen auszuweiten. Doch die Rechnung geht nicht auf. Begründungsrelationen zwischen Überzeugungen sind nicht vollständig formallogisch beschreibbar, denn die wenigsten Überzeugungen ergeben sich als logische Wahrheiten aus anderen. Vielmehr handelt es sich bei den meisten Überzeugungen eher um Wahrscheinlichkeitsannahmen, die sich daraus ergeben, daß eine bestimmte Menge anderer Überzeugungen gegeneinander abgewogen wird. Nie besitzen wir alle Informationen über eine Situation, sondern immer nur eine limitierte Menge, die in eben diesem Maße die daraus abgeleiteten Überzeugungen stützt. Um die Überzeugungsstruktur eines Sprechers zu verstehen, muß der Radikalinterpret also die Stärke der Relationen evidentieller Begründung kennen, das heißt er muß nicht nur wissen, daß ein Sprecher einen Satz S für wahr hält, sondern er muß vielmehr wissen, für wie begründet bzw. wie wahrscheinlich er S hält, er muß den *Grad seiner Überzeugung von S* kennen (›degree of belief‹).

Andernfalls bleibt die Interpretation sehr bald hoffnungslos stecken — zu bald, um je zu interpretativen Theorien zu kommen.

Wie aber Überzeugungsgrade ermitteln? Es gibt entscheidungstheoretische Methoden, mit deren Hilfe relativ einfach ›errechnet‹ werden kann, für wie wahrscheinlich eine Person bestimmte vorgegebene Alternativen hält — wenn die Stärke ihrer Wünsche hinsichtlich dieser Alternativen bekannt ist. Und Ramsey hat gezeigt, wie es möglich ist, auf der Basis von Auswahlhandlungen einer Person beides zugleich zu ermitteln — Präferenzen (Wünsche) und Überzeugungsgrade.[17]

Davidson läßt den Radikalinterpreten daher zu handlungstheoretischen Methoden greifen, um sein festgefahrenes Projekt voranzubringen. Denn der einzige Weg, Überzeugungsgrade der Sprecher herauszubekommen, scheint über ihre Präferenzen zu führen. Doch Informationen über Präferenzen stehen dem Radikalinterpreten per definitionem nicht zur Verfügung — er muß sie anhand derselben Daten ermitteln, die er für Bedeutungen und Überzeugungen hat. Und auch Ramseys Methode nützt ihm anfänglich wenig, denn sie setzt voraus, daß der Interpret versteht, zwischen welchen Optionen die Sprecher wählen. Um das herauszufinden, muß er jedoch ihre Sprache verstehen.

Dennoch, der Radikalinterpret gibt nicht auf. Er ist jetzt mit der Aufgabe konfrontiert, Bedeutungen, Überzeugungen und Präferenzen simultan zu entwickeln. Es stehen ihm dieselben Daten zur Verfügung wie zu Beginn. Der einzige Ausweg scheint über die *Interpretation der Handlungen* der Sprecher zu führen, denn wenn er weiß, welche Wahl eine Handlung repräsentiert, können Präferenzen ermittelt werden. Für Davidson sind daher die Interpretation von Äußerungen und die Interpretation nonverbalen Handelns Teile ein und desselben Projekts: Der Radikalinterpret wird zum Hermeneuten allen intentionalen Handelns, sei es nun sprachlich oder nicht. Auf der Grundlage eines solchen *weiten Interpretationsbegriffs* versucht Davidson daher, Bedeutungs- und Handlungstheorie zu verschmelzen und eine vereinigte Interpretationstheorie für handelnde Personen zu entwickeln.

IV. Davidsons Handlungstheorie

1. Handlungen, Gründe und Ursachen

Handlungstheoretische Überlegungen sind von erheblicher Relevanz für eine Reihe traditioneller philosophischer Problemfelder: was eine Handlung ist, wo sie beginnt und was ihre Folgen sind, wie das Verhältnis von Handlung und Absicht aufzufassen ist und wie Handlungen beschrieben und erklärt werden können, sind Fragen, die u.a. Konsequenzen haben für die Moralphilosophie, das Leib-Seele-Problem und das der Willensfreiheit. Insbesondere die Unterscheidung von Ursachen und Gründen und die für einige Philosophen damit einhergehende Differenzierung von verstehender Interpretation und wissenschaftlicher Erklärung sind hier einschlägig. Für Davidson stellen sich handlungstheoretische Fragen gleichsam aus der Perspektive des Radikalinterpreten: Die Handlungen einer Person zu verstehen, ist integraler Bestandteil der Hermeneutik intelligenten Verhaltens, die zu entwickeln er ihn ausgeschickt hat. Auch wenn wir im folgenden vielfach auf Probleme stoßen werden, die auch für sich genommen von eminentem Interesse sind, erhalten Davidsons Lösungsvorschläge doch erst im Kontext dieser Hermeneutik volle Signifikanz.

Am Ende des vorigen Kapitels haben wir einen Interpreten verlassen, der vom Feldlinguisten im Urwald zum Interpreten im weitesten Sinne geworden ist, denn er sucht sämtliche

Handlungen einer Person, die Bedeutungen sowie die Gesamtheit propositionaler Einstellungen simultan zu verstehen. In einem ersten Schritt muß daher geklärt werden, was es heißt, nonverbales Handeln zu verstehen — diese Redeweise erscheint zunächst metaphorisch, abgeleitet aus dem Verstehen von Sprechakten. Insbesondere gilt es, die Relation solcher Handlungen zu propositionalen Einstellungen zu bestimmen, denn über sie erhofft Davidsons Interpret Aufschluß zu erlangen.

Daß Überzeugungen oder Wünsche (Präferenzen) aus Handlungen gelesen werden können, wenn wir Worten nicht trauen dürfen, erscheint nur allzu bekannt. Auch das expressive Verhältnis von Handlungen und Persönlichkeit ist vertrauter Bestandteil biblischer Überlieferung: »An ihren Früchten sollt ihr sie erkennen.« Für Davidsons Zwecke muß diese Beziehung indessen genauer analysiert werden. Seine Generalthese lautet: »Die Überzeugungen oder anderen propositionalen Einstellungen einer Person zu kennen, heißt, die Person in diesem Maße zu verstehen, denn die propositionalen Einstellungen sind erklärender Natur.« Und einen Satz später: »In Verbindung mit Präferenzen erklären Überzeugungen Intentionen und intentionale Handlungen [...]« (1986a: 204). Worin also besteht die »erklärende Natur« propositionaler Einstellungen?

Davidsons klassischer Aufsatz zur Handlungstheorie erschien 1963 unter dem Titel »Actions, Reasons, and Causes« und markiert philosophiehistorisch »einen prominenten Wendepunkt analytischer Handlungstheorie«[1]: Davidson schlägt sich im Gegensatz zur damals herrschenden Auffassung im Streit um Gründe und Ursachen auf die Seite von Aristoteles und proklamiert: »*Rationalisierung ist eine Spezies kausaler Erklärung*« (1963a: 3).

Ausgangspunkt des Essays ist indessen die allgemein konsensfähige These, daß ich eine Handlung erkläre, wenn ich die Gründe angebe, aus denen der Akteur sie vollzogen hat. Erklärungen aus Gründen ›rationalisieren‹ die Handlung: Indem sie seine Gründe angeben, zeigen sie, inwiefern es aus der Perspektive des Handelnden rational war, die Handlung zu vollziehen. ›Rational‹ wird dabei in einem schwachen Sinne als ›mit Gründen‹ verstanden, über deren Qualität ist damit noch nichts gesagt. So kommen zur Angabe von Gründen Intentionen, Wünsche, Versprechen oder Befehle, aber auch Passionen, Süchte oder moralische Obligationen in Betracht. Die Relation zwischen explanans (Grund) und explanandum (Handlung) gilt es nun zu analysieren. Seit Aristoteles wird dafür der *praktische Syllogismus* in Anspruch genommen: Angenommen, ich verspüre den Wunsch, etwas Süßes zu essen. Wenn ich außerdem glaube, jenes Stück Schokolade dort sei süß, werde ich es essen. Mit Hilfe eines praktischen Syllogismus kann die deduktive Form dieser simplen Erklärung ans Licht gebracht werden. Ein Syllogismus schließt aus zwei Prämissen, einem generalisierten Obersatz und einem partikularen Untersatz, auf eine partikulare Konklusion. Der Wunsch wird dabei als eine generelle Haltung einem bestimmten Handlungstyp gegenüber aufgefaßt. Für unser Beispiel ergibt sich:

(1) *Jede meiner Handlungen, die darin besteht, etwas Süßes zu essen, ist vollziehenswert.*

(2) *Dieses Stück Schokolade zu essen, ist, etwas Süßes zu essen.*

Also:

(3) *Dieses Stück Schokolade zu essen, ist vollziehenswert.*

Formalisiert hat ein solcher Syllogismus die Form:
- (O) $(x)\,(Sx \to Dx)$.
- (U) Sa.
- (K) Da.
- (K) ergibt sich formal schlüssig aus (O) und (U).

Wie Aristoteles faßt Davidson die Konklusion direkt als Handlung auf; so bilden (O), (U) und (K) zusammen deren Erklärung (vgl. 1970c: 31f.). Und wie Aristoteles deutet Davidson den Syllogismus zugleich kausal. Wenn ich das Stück Schokolade esse, *weil* ich die Gründe (1) und (2) habe, dann heißt das für ihn: daß ich diese Gründe habe, ist die *Ursache* meiner Handlung.

Was spricht dagegen? Vor »Actions, Reasons, and Causes« galt es als weitgehend ausgemacht, die deduktive Beziehung zwischen Handlungsgrund und Handlung schließe eine solche kausale Relation notwendigerweise aus. Für diese antiaristotelische Wendung des Syllogismus wurde eine Reihe eng verwandter Argumente ins Feld geführt, die sich als ›logical connection‹-Argumente zusammenfassen lassen. Die grundlegende Idee geht auf Bemerkungen in Wittgensteins *Blauem Buch* zurück, wo er argumentiert, Aussagen über Ursachen seien empirische, induktiv gewonnene Hypothesen nomologischen Charakters. Das aber gelte gerade nicht für Aussagen, mit denen jemand seine eigenen Handlungsgründe angibt. »Wenn ich sage: ›Wir können nur Vermutungen über die Ursache anstellen, aber das Motiv können wir wissen‹, dann ist diese Aussage eine grammatische. [...] Das ›können‹ bezieht sich auf eine *logische* Möglichkeit.«[2] Das Vermögen, Handlungsgründe anzugeben, ist laut Wittgenstein kein Bestandteil empirischen Weltwissens, sondern vielmehr Teil unserer Sprachkompetenz, unseres Sprachwissens.

Dieses Argument ist vielfältig aufgenommen und variiert worden.³ Alle ›logical connection‹-Argumente gehen dabei davon aus, daß zwischen Grund und Handlung eine derart enge logisch-konzeptuelle Relation besteht, daß Gründe und Handlungen nicht als zwei distinkte Ereignisse verstanden werden können. Nur als numerisch verschiedene, eigenständige Ereignisse aber, so das Argument, könnten sie in Ursache-Folge-Relation stehen. Gleichzeitig müßten sie empirischer Generalisierung zugänglich sein. Beides werde jedoch durch die deduktive Relation von explanans und explanandum verhindert. Kausalerklärung und Handlungserklärung wären damit nicht miteinander kompatibel, sie verdankten ihre Erklärungsleistung unterschiedlichen Quellen.

Diesen Erklärungsdualismus will Davidson in »Action, Reasons, and Causes« als Scheinlösung enttarnen: »Wesentlich für die Relation zwischen einem Grund und der durch ihn erklärten Handlung ist die Vorstellung, daß der Handelnde die Handlung ausgeführt hat, *weil* er diesen Grund hatte« (1963a: 9). Jemand kann nämlich durchaus Handlung x vollzogen und dafür Grund d gehabt haben, ohne jedoch aus diesem Grunde gehandelt zu haben. Was uns interessiert, wenn wir jemanden fragen, warum er x getan hat, ist *der* Grund, aus dem er x tat; nicht irgendein Grund, x zu tun. Solange jenes ›weil‹ nicht erklärt wird, bleibt die Analyse daher für Davidson hinter der tatsächlichen Erklärungsleistung von Erklärungen aus Gründen zurück. Dieses Defizit hält er nur dann für vermeidbar, wenn wir annehmen, daß »Rationalisierung [...] eine Spezies kausaler Erklärung« (1963a: 3) ist. Das entscheidende Argument von »Actions, Reasons, and Causes« besteht somit nur in einem ›argument to the best explanation‹: Die Kausalthese bietet Davidsons Ansicht nach den einzigen hinreichend erklärungskräftigen Ansatzpunkt zum

Verständnis solcher Erklärungen (vgl. 1963a: 11). Davidson muß daher zeigen, daß die Relation kausal verstanden werden *kann*, ohne Widersprüche zu generieren. Gründe können Ursachen sein, so Davidson, ohne daß Erklärungen aus Gründen damit ihre spezifische hermeneutische Qualität verlören — im Gegenteil.

2. Gründe sind Ursachen

Davidson zufolge liegen Handlungserklärungen *zwei Relationen* zugrunde, die nur vereint deren Erklärungskraft sichern, eine logisch-konzeptuelle Relation und eine kausale.[4] Diese Formulierung ist jedoch mißverständlich; zwar ist es richtig, daß Davidson in seiner Analyse von Handlungserklärungen zwei Relationen nutzbar macht, doch handelt es sich dabei um Relationen auf unterschiedlichen Ebenen. So macht es nur Sinn, von einer logischen Relation zwischen Gründen, das heißt Sätzen und Handlungs*beschreibungen* zu sprechen. Die angenommene Kausalrelation versteht Davidson demgegenüber als Beziehung, die unabhängig von aller Beschreibung zwischen zwei Ereignistokens in der Welt besteht. Er läßt keinen Zweifel daran, daß es sich dabei um ›ganz normale‹ Kausalität handelt, Kausalität auf der Ebene materieller Objekte, deren Interaktionen im Verhältnis von Ursache und Folge zueinander stehen. Eine solche Relation müssen wir seiner Ansicht nach zwischen der Handlung als einem *singulären Ereignis* in der Welt materieller Dinge, einer Körperbewegung beispielsweise, und einem entsprechenden materiellen Korrelat der Gründe annehmen. Auf der Grundlage einer solchen, auf den ersten Blick trivial erscheinenden *Unterscheidung zwischen Ereignistoken und Beschreibung* will Davidson die inkompatibel erscheinenden Erklärungsmodi versöhnen — im Grunde fundiert er seine gesamte Handlungstheorie auf diese Idee. Beide Ebenen sollen im folgenden näher untersucht werden. Zunächst gilt es, Davidsons bereits angedeutete Lesart der logisch-konzeptuellen Relation detaillierter zu entwickeln.

a) Erklärungen aus Gründen

Ereignisse und Beschreibungen

In »Actions, Reasons, and Causes« heißt es: »Um zu verstehen, wie ein Grund beliebiger Art eine Handlung rationalisiert, ist es notwendig und hinreichend, daß wir zumindest in den wesentlichen Umrissen erkennen, wie ein Primärgrund (›primary reason‹) konstruiert wird« (1963a: 4). Die verschiedenen Arten, Gründe anzugeben, lassen sich nach Davidson auf eine einheitliche Grundform zurückführen, die Primärgründe. Dies sind Gründe grundlegendster Art, die es für jede Handlung gibt — noch den spontansten Akt, die jäheste Laune. Zugleich wird ihre Existenz, so die These, von jeder elaborierteren Erklärung vorausgesetzt.

Davidson identifiziert als Primärgründe sogenannte ›belief-desire-Paare‹. Erklärungen damit funktionieren nach Art des praktischen Syllogismus: Ich möchte eine Tasse Kaffee trinken, glaube, daß es ein geeignetes Mittel zum Zweck darstellt, mir eine Tasse Kaffee einzuschenken, und schenke mir also eine Tasse Kaffee ein. Auf die Frage, warum ich das tue, antworte ich: »Weil ich eine Tasse Kaffee trinken möchte.« Wie diese Erklärung deutlich werden läßt, wird im Alltagsgebrauch die Überzeugungs-Komponente häufig ausgelassen; die entsprechende Überzeugung ergibt sich von selbst aus Handlung(sbeschreibung) und Wunsch. Umgekehrtes gilt gleichermaßen. Hätte ich geantwortet: »Weil ich glaube, daß ich, wenn ich mir eine Tasse Kaffee einschenke, eine Tasse Kaffee trinken kann«, so klänge das zwar zweifellos etwas exzentrisch, nichtsdestoweniger müßte der Interpret aber schließen, daß ich selbiges wohl wolle. Wir haben es hier mit einer Interdependenz analog zur Interdependenz von Überzeugung und Bedeutung zu tun; letztlich hängen alle propositionalen Einstellungen in dieser Weise untereinander und mit Handlungsbeschreibungen zusammen. Es ist eben diese Interdependenz, der ›logical connection‹-Argumente ihre intuitive Plausibilität verdanken.

Nun begehen wir eine recht geringe Zahl unserer Handlungen so eindeutig wunschmotiviert wie Kaffeetrinken. Davidson führt deshalb zwecks größerer Allgemeinheit den Terminus *Pro-Einstellung* (›pro-attitude‹) ein. Er umfaßt »Wünsche, Begehren, Impulse, Reize und eine große Vielfalt moralischer Ansichten, ästhetischer Grundsätze, ökonomischer Vorurteile, gesellschaftlicher Konventionen und öffentlicher und privater Ziele und Werte, insoweit diese als auf Handlungen einer bestimmten Art bezogene Einstellungen eines Handelnden interpretiert werden können« (1963a: 4). Pro-Einstellungen können kurzlebig oder lebenslange Charakterzüge einer Person sein. Gemeinsamkeit aller Pro-Einstellungen ist, sich auf diejenigen Eigenschaften von Handlungen zu richten, die diese dem Handelnden als vollziehenswert erscheinen lassen. Sie drücken eine positive Einstellung des Akteurs gegenüber einem bestimmten Handlungstyp aus. Entsprechend muß der Akteur glauben, daß die Handlung, für die er sich entscheidet, von jenem Typ ist.

Kurz, Davidson versteht unter einem Primärgrund für eine Handlung x ein Überzeugung/Pro-Einstellungs-Paar, wobei sich letztere auf einen Handlungstyp A richtet, während die Überzeugung darin besteht, daß x vom Typ A ist.

An solchen Primärerklärungen wird deutlicher, inwiefern Gründe ›rationalisieren‹: Sie geben an, was in den Augen des Akteurs für die Handlung spricht. Einen Primärgrund muß es für jede Handlung geben, auch wenn er in Erklärungen nicht immer explizit oder vollständig angegeben zu werden braucht. Was wir aber wissen, ist, daß es einen Primärgrund gibt, wenn die Begründung korrekt ist, und wir wissen auch, welcher Art er in etwa ist.[5] So erscheint es für Davidsons Analyse von Erklärungen aus Gründen notwendig, das Verhältnis von Primärgrund und Handlung zu durchschauen. Hat er damit aber schon Hinreichendes über Handlungserklärungen gesagt? Daß *jede* Handlung eine Primärerklärung haben soll, ist weniger offensichtlich.

So muß Davidson einem Einwand begegnen, der in der Literatur erstaunlich verbreitet ist. Angenommen, Mary erschießt ihren Vater, weil sie denkt, er wäre ein Einbrecher. Daß sie ihren Vater erschoß, kann dadurch erklärt werden, daß sie ihn fälschlicherweise für einen Einbrecher hielt. Dennoch, so der Einwand, kann nicht behauptet werden, sie habe dafür einen Primärgrund gehabt: Mary hatte keinerlei Pro-Einstellung dem Erschießen ihres Vaters gegenüber.[6] *Nicht-intentionale Handlungen*, so soll das Beispiel zeigen, werden nicht aus Primärgründen begangen. Was aber ist eine nicht-intentionale Handlung? Diese Frage führt mitten hinein in eines der umstrittensten Gebiete der Handlungstheorie — der Identität von Handlungen. Wann sind zwei Handlungen identisch? Im Beispiel wird eine solche Fragestellung akut, weil gilt:

89

(4)   *Mary erschoß den Einbrecher.*
(5)   *Der Einbrecher = Marys Vater.* Also:
(6)   *Mary erschoß ihren Vater.*

Wieviele Handlungen hat Mary begangen? Die Proponenten nicht-intentionaler Handlungen müssen antworten: zwei. Eine dieser Handlungen war intentional: das Erschießen des Einbrechers, die zweite, das Erschießen des Vaters, nicht. Hat Mary zweimal geschossen? Davidson lehnt diese Antwort aus Gründen extremer Kontraintuitivität ab und vertritt eine *handlungstheoretische Identitätsthese.* Mary schießt nur einmal (wir nehmen an, daß sie die verdächtige Person mit einem einzigen Schuß tötet), und Ödipus, um ein klassisches Beispiel zu wählen, heiratet nur einmal: seine Mutter und Jokaste, denn die sind identisch. Die Differenz, so Davidson, liegt in der *Beschreibung.* (4) handelt vom selben Ereignistoken wie (6), doch dort ist es anders beschrieben. Aber wir werden sehen, daß diese naheliegende These mit einigen Schwierigkeiten fertig zu werden hat. Zunächst einmal mit der folgenden. Es gilt:

(4') *Mary erschoß den Einbrecher absichtlich.*
(5)   *Der Einbrecher = Marys Vater.*

Aber es gilt nicht:

(6') *Mary erschoß ihren Vater absichtlich.*

Das Beispiel zeigt, daß Sätze, die Handlungen explizit als intentional bezeichnen, intensionale Kontexte kreieren: Koreferentielle Termini können in ihnen nicht wahrheitswerterhaltend ausgetauscht werden. Deshalb erscheint es falsch, einfach zu sagen, (4) und (6) handelten vom selben Gegenstand, denn die beschriebene Handlung kann schwerlich sowohl intentional als auch nicht-intentional sein.

Davidson verteidigt die Identitätsthese, indem er untersucht, was es eigentlich heißt, von einem Ereignistoken zu sagen, es habe verschiedene Beschreibungen bzw. sei eine intentionale Handlung *unter einer Beschreibung* (›under a description‹), aber nicht unter einer anderen.[7] Eine solche Analyse wird dringend notwendig, denn es macht nur dann Sinn, von unterschiedlichen Beschreibungen zu reden, wenn es einen Gegenstand gibt, auf den sie sich beziehen. So können verschiedene singuläre Terme auf ein und denselben Gegenstand referieren — man denke an ›Abendstern‹ und ›Morgenstern‹. Handlungssätze wie ›Mary erschießt den Einbrecher‹ jedoch sehen zunächst nicht so aus, als referierten sie oder in ihnen enthaltene Komponenten auf solcher Art Gegenstände wie Handlungen; weder ist ein die Handlung bezeichnender singulärer Term zu finden, noch scheint der Satz selbst einer zu sein. Davidson präsentiert seine Analyse in einem seiner kontroversesten Artikel: »The Logical Form of Action Sentences«.

Exkurs: Die logische Form von Handlungssätzen und Davidsons Ereignisontologie

Die Grundidee von »The Logical Form of Action Sentences« ist simpel: Handlungen sind Ereignisse in der Welt materieller Objekte und als solche unterschiedlich beschreibbar. Ödipus' Hochzeit ist für Davidson ein singuläres, datiertes Ereignis, auf das die unterschiedlichsten Beschreibungen zutreffen mögen. Indem so Ereignisse als Referenzobjekte für Handlungsbeschreibungen identifiziert werden, entpuppt sich die These als ontologische: Ereignissen wird ein beschreibungsunabhängiger ontologischer Status zugeschrieben; es gibt sie, egal ob und wie wir sie beschreiben. Gelingt es

Davidson nicht, diese ontologische These zu rechtfertigen, stürzt seine kausale Deutung von Handlungserklärungen bis auf die Fundamente zusammen. Und die Ontologie der Ereignisse ist heiß umkämpftes Terrain.

In der empiristischen Tradition ist die Maxime ontologischer Sparsamkeit, die ihren Ursprung in Ockhams berühmtem ›Rasiermesser‹ findet, zum philosophischen Bekenntnisgegenstand geworden.[8] Die Frage ›Was gibt es?‹ soll durch Auflistung einer möglichst geringen Zahl ontologischer Kategorien beantwortet werden, deren Annahme zudem durch unsere (natur)wissenschaftlichen Theorien abgesichert sein muß. So spricht Quine voller Zufriedenheit von seiner »well-swept ontology«: Sie enthält nicht mehr als physikalische Objekte (›concrete individuals‹) und Klassen.[9] Dies sind für Quine die einzigen Arten von Gegenständen, die uns unsere wissenschaftlichen Theorien, unter der Voraussetzung, daß sie wahr sind, anzunehmen zwingen. Wer zusätzliche Entitäten postuliert, handelt dementsprechend höchst verdächtig.

Wie aber können Existenzannahmen gerechtfertigt werden? Quine gibt folgende Antwort: »Was die Sache entscheidet ist die Quantifikation ›(Ex) (x=a)‹. [...] Der Gegenstandsbereich der gebundenen Variablen ›x‹ ist das Universum, und die Existenzquantifikation sagt, daß mindestens einer der Gegenstände im Universum die angefügte Bedingung erfüllt — in diesem Falle die Bedingung, Gegenstand a zu sein. Um zu zeigen, daß ein gegebener Gegenstand für eine Theorie notwendig ist, müssen wir nicht mehr und nicht weniger zeigen, als daß der Gegenstand unter den Werten ihrer gebundenen Variablen sein muß, wenn die Theorie wahr ist.«[10] Wer jedoch mit Davidson auch von den letzten empiristischen Dogmen Abschied nimmt und nicht mehr an die Möglichkeit szientistischer Korrektur natürlicher Sprache glaubt, für den wird die in Sachen Ontologie zu befragende Instanz die natürliche Sprache als ganze. ==So richtet sich Davidsons Interesse auf die implizite Ontologie natürlicher Sprachen, auf die intersubjektiv geteilte Realität, die sie voraussetzen.== Diese Ontologie zu explizieren, wird zu einer Frage der Semantik: Welche Entitäten müssen wir annehmen, um eine natürliche Sprache verstehen zu können? Welche Entitäten muß eine Interpretationstheorie für eine natürliche Sprache voraussetzen?

Eine funktionierende W-Theorie induziert in L eine quantorenlogische Struktur und bestimmt die Position jeden Satzes in dieser Struktur, indem sie eine finite Anzahl w-theoretisch relevanter Strukturelemente der Sätze von L isoliert und jeden Satz als aus diesen Elementen aufgebaut beschreibt. Aus der Perspektive des Radikalinterpreten heißt das: Für jeden Satz von L muß eine logische Form bestimmt werden, die es erlaubt, ihn in die Mühle der Interpretationstheorie zu füttern. Die logische Form eines Satzes S von L zu bestimmen, heißt, seine Komposition aus w-theoretisch relevanten Elementen von L in der Notation der Quantorenlogik zu beschreiben. In Abhängigkeit von verwendeter W-Theorie und Quantorenlogik erster Ordnung ergibt sich so auf der Ebene der Sätze eine Beschreibung von L als logischer Struktur, auf der subsententialen Ebene aber erhalten wir eine Zerlegung in w-theoretisch relevante Elemente. Insbesondere enthält die W-Theorie eine Liste, die angibt, auf welche Gegenstände die singulären Terme von L referieren bzw. von welchen Gegenständen ihre Prädikate erfüllt werden. Es sind dies die Gegenstände, über die quantifiziert wird bei der Angabe der Wahrheitsbedingungen der Sätze von L: *die Ontologie von L.*

Unsere Ausgangsfrage — welche Entitäten muß eine Interpretationstheorie voraussetzen?, findet damit eine durchaus von Quine inspirierte Antwort: Es sind diejenigen Entitäten, über die quantifiziert wird bei der Bestimmung der logischen Form der Sätze von L. Dies muß in Übereinstimmung mit zwei Faktoren geschehen: der *Position des Satzes in der logischen Struktur von L*, also seinen Implikationsrelationen zu anderen Sätzen, und seiner *Komposition*. Die sich aus der Analyse logischer Form ergebende Ontologie bleibt relativ zur verwendeten Interpretationstheorie, mehr noch, wie alle Komponentenzerlegung auf der Mikroebene bleibt sie ein theoretisches Konstrukt und nur durch ihre Auswirkungen auf der Makroebene überprüfbar: »[...] die logischen Relationen zwischen Sätzen liefern den einzigen wirklichen Test dafür, wann unsere Sprache uns auf die Existenz von Entitäten festlegt« (1971a: 203). Wir sehen nun, wie Davidson seine ontologische These einlösen kann: Er muß zeigen, daß ein signifikanter Teil natürlicher Sprache nur dann in die Reichweite einer W-Theorie gebracht werden kann, wenn ihre logische Form so bestimmt wird, daß dabei *über Ereignisse quantifiziert* wird. Weiterhin ist zu zeigen, daß sich die durch Einführung von Ereignissen in die Ontologie der W-Theorie gewonnene Reichweite nicht einer Kategorie verdankt, von der niemand genau sagen kann, worum es sich dabei eigentlich handelt. Es sind die *Identitätskriterien für Ereignisse* anzugeben, also die Bedingungen, unter denen zwei Beschreibungen sich auf dasselbe Ereignis beziehen.

Davidsons Essay »The Logical Form of Action Sentences« beginnt mit den schon nahezu klassischen Sätzen: »Strange goings on! Jones did it slowly, deliberately, in the bathroom, with a knife, at midnight. What he did was butter a piece of toast« (1967a: 105). Zur Analyse bringt er das Beispiel zunächst in die Form:

(7)   *Jones buttert im Bad um Mitternacht mit einem Messer langsam und bedächtig einen Toast.*

Das heißt er exponiert das Problem anhand eines adverbial modifizierten Satzes als das einer Beschreibungsvielfalt, die offenbar von einer singulären Entität handelt. Vom Ergebnis der Analyse von (7) muß gefordert werden, daß die formalen Implikationen von (7) gesichert sind; z. B. muß ableitbar sein:

(8)   *Jones buttert um Mitternacht einen Toast.*

Sowie

(9)   *Jones buttert einen Toast.*[11]

Davidson schlägt vor, Sätze wie (9) als Existenzquantifikationen zu deuten und Prädikate wie ›buttert‹ als dreistellig, das heißt mit einem ›zusätzlichen‹, an der Satzoberfläche nicht reflektierten *Ereignisplatz*.[12] Damit ist (9) wahr genau dann, wenn

(9')   *(Ex) (buttert (Jones, ein Toast, x)),*

wenn es mindestens ein Ereignis x gibt, so daß x ein Buttern eines Toastes durch Jones ist. Für Davidson haben Handlungssätze die Form existenzquantifizierter Prädikationen, sind also keine Handlungsbeschreibungen in dem Sinne, daß sie als ganze auf ein bestimmtes Ereignis referierten. Vielmehr ist ein Handlungssatz wahr, wenn es mindestens ein Ereignis gibt, das die Prädikation erfüllt, das heißt die beschriebenen Eigenschaften hat. Aus solchen Prädikationen können jedoch singuläre Terme gebildet werden wie z. B. ›das Buttern eines Toastes durch Jones‹. Davidson bestimmt damit Ereignisse als ›dated particulars‹, als *nicht-wiederholbare Entitäten mit definiter raum-zeitlicher Lokalisierung.*

Komplexere, adverbial modifizierte Sätze deutet Davidson als Konjunktionen von Quantifikationen wie (9). Für (8) z. B. erhält er:

(8')   *(Ex) (buttert (Jones, ein Toast, x) und um Mitternacht (x))*.

Es gibt also mindestens ein Ereignis x, so daß x ein Buttern eines Toastes durch Jones ist und x um Mitternacht stattfindet. (9') ergibt sich formal schlüssig aus (8').

Es gibt jedoch mindestens zwei Sorten von Adverbien, die sich der vorgeschlagenen Analyse widersetzen. Zum einen ist die Methode in ihrer Anwendung auf solche Adverbien beschränkt, die aus dem Satz eliminiert werden können, ohne daß dessen Wahrheitswert sich ändert. Ein Satz wie ›Er hat *beinahe* getroffen‹ sollte nämlich besser nicht als Konjunktion der vorgeschlagenen Art behandelt werden. Zum anderen versagt diese Methode bei sogenannten *attributiven Adverbien*. Im Beispiel übergeht Davidson zunächst wohlweislich das Adverb ›langsam‹; andere Beispiele sind ›groß‹ und ›klein‹, ›gut‹ und ›schlecht‹ etc. Ein und dieselbe Ärmelkanalüberquerung kann ein langsames Überqueren und ein schnelles Durchschwimmen zugleich sein. Laut vorgeschlagener Analyse müßte es ein Ereignis x geben, das sowohl schnell wäre als auch langsam. Fassen wir dies als zwei einander ausschließende Eigenschaften auf, so kann es sich nicht um dasselbe x handeln. Dasselbe Problem stellt sich jedoch in adjektivischen Zusammenhängen, z. B. wenn von jemandem gesagt wird, er sei ein kleiner Basketballspieler, aber ein langer Mann (vgl. 1967a: 107). Mit dieser Strategie versucht Davidson zu zeigen, daß die Aufnahme von Ereignissen in unsere Ontologie keine größeren Kalamitäten mit sich bringt als im Zusammenhang mit materiellen Objekten schon vorhanden sind. Sind für beide Arten von Entitäten dieselben Probleme noch zu lösen, so seine Pointe, können diese schwerlich nur als Argumente gegen die eine davon verwendet werden.[13]

Davidson fundiert in einer zugleich beeindruckenden und gewagten Konstruktion seine gesamte Philosophie des Geistes durch die Ontologie partikularer Ereignisse. Sie verdankt ihre theoretische Geschlossenheit damit der zunächst banal erscheinenden Idee einer Unterscheidung von Ereignistoken und Beschreibung. Doch wie sicher ist dieses Fundament? Noch ist die Frage der *Identitätsbedingungen für Ereignisse* zu klären. Identitätsbedingungen sind ein entscheidendes Argument in Diskussionen über die Aufnahme einer Gegenstandskategorie K in unsere Ontologie. Denn wir wissen erst dann, wenn wir einen Gegenstand aus K von anderen solchen unterscheiden bzw. ihn als ein und denselben wiedererkennen können, um was für eine Gegenstandsart es sich überhaupt handelt. So hat Quine die Devise ausgegeben: »No entity without identity« — Gegenstände einer Kategorie K dürfen nur dann angenommen werden, wenn ein für alle Gegenstände in K gültiges Kriterium für die Wahrheit von Identitätsaussagen über Gegenstände in K angebbar ist.[14]

Ein Kriterium dieser Art gilt es für Ereignisse namhaft zu machen, um den Verdacht auszuräumen, die fabelhafte Reichweite der Theorie verdanke sich der Einführung einer nebulösen Kategorie von Dingen, deren Identität im Dunklen bleibt. So schlägt Davidson als Identitätskriterium für Ereignisse zunächst die *Identität der Kausalverbindungen* vor:

(I_E)   *Eine Identitätsaussage* ›a=b‹ *für Ereignisse ist genau dann wahr, wenn a und b identische Ursachen und Folgen haben* (vgl. 1969a: 179).

Es bringt die Idee zum Ausdruck, daß der kausale Nexus aller Ereignisse eine Art Koordinatensystem analog dem von materiellen Dingen in Raum und Zeit gebildeten aufspannt, in dem jedes einzelne Ereignis durch seinen Platz eindeutig identifiziert ist.

Dieses Kriterium ist heftig kritisiert worden. So argumentiert Quine, obwohl nicht formal zirkulär, tauge es nichts: Kriterium (I_E) setze voraus, daß wir bereits wissen, was es uns erst sagen soll.[15] Ursachen und Folgen von Ereignissen sind wieder Ereignisse, und jedes Ereignis hat genau einen Platz im Netz. Die Wahrheit von Identitätsaussagen über Ereignisse wird damit per Kausalkriterium an die Identität der am jeweiligen Ereignis hängenden Kausalketten gebunden, das heißt an die Wahrheit weiterer Identitätsaussagen über weitere Ereignisse, und so ad infinitum. Obwohl (I_E) korrekt erscheint, sagt es nichts darüber, wie Ereignisse individuiert werden.

Aus diesen Gründen verwirft Davidson (I_E) in seiner letzten Verlautbarung zum Thema (1985c) — aufgrund ihrer Knappheit wird diese Stelle meist als kryptisch betrachtet. Klar wird jedoch zumindest, daß Davidson nun für Ereignisse jenes Identitätskriterium übernimmt, das Quine für materielle Objekte vorschlägt:

(I_M) *Eine Identitätsaussage ›a=b‹ für materielle Objekte ist genau dann wahr, wenn a und b dieselben Raum-Zeit-Koordinaten haben.*

Zudem bestreitet er, daß damit Ereignisse von materiellen Dingen nicht mehr unterscheidbar, die Kategorie also nur um den Preis ihres gleichzeitigen Verschwindens in einer anderen einzuführen wäre.

Ist eine Identitätsaussage für Ereignisse wahr, wenn a und b zur selben Zeit am selben Ort stattfinden? In früheren Arbeiten hat Davidson diesen Vorschlag noch mit dem Hinweis verworfen, zwei verschiedene Ereignisse könnten problemlos simultan am selben Ort stattfinden. Sein Beispiel war das einer Metallkugel, die sich erwärmt und gleichzeitig um 35 Grad rotiert. Davidson nimmt die Koreferentialität dieser Beschreibungen jetzt explizit in Kauf, ohne jedoch auf Probleme einzugehen, die daraus resultieren. Insbesondere kommt nun die Analyse adverbialer Modifikation in Schwierigkeiten: Nehmen wir an, A fliegt mit seinem Raumschiff und singt zur gleichen Zeit. Er fliegt zur Venus, und er singt in F-Dur. Folgt daraus, daß A zur Venus singt und in F-Dur fliegt?[16] Interessant wäre in diesem Zusammenhang auch die Frage des Verhältnisses der beiden Kriterien: Es sieht nicht so aus, als lieferte das Raum-Zeit-Kriterium nur solche Identitäten, die das kausale Kriterium erfüllen. A läuft 10 Kilometer, statt zu fliegen, und singt dabei. Er bekommt Muskelkater davon — wovon? Müssen wir sagen, sein Singen verursachte den Muskelkater? Beide Punkte deuten in dieselbe Richtung: Welches ist der Gegenstand, dem die entsprechenden Prädikate gleichermaßen zuschreibbar wären? Wenn es hier keinen Ausweg gibt — und ich sehe keinen — dann sollten die Beispiele Davidson davon überzeugen, daß es jedenfalls nicht Kriterium (I_M) ist, das den richtigen Gegenstand liefert.[17]

Es muß vorerst offen bleiben, welches abschließende Urteil über Davidsons Ereignisontologie zu fällen ist. Darauf wird später zurückzukommen sein — fürs erste jedoch verfolgen wir die weitere Entwicklung seiner Handlungstheorie unter der Arbeitshypothese, die Identitätsprobleme Davidsonscher Ereignisse könnten geklärt werden.

Erklären heißt Neubeschreiben

Davidson ist mit der Bestimmung der logischen Form von Handlungssätzen einen entscheidenden Schritt weiter: Wir sehen nun, was es für ihn heißt, von ein und derselben Handlung unter verschiedenen Beschreibungen zu sprechen.

Doch das Ausgangsproblem bleibt ungelöst. Erinnern wir uns an Mary:

(4') *Mary erschoß den Einbrecher absichtlich.*

Hat dieser Satz die logische Form einer Konjunktion? Ist er wahr, wenn es mindestens ein Ereignis gibt, das ein Erschießen des Einbrechers durch Mary ist und das absichtlich ist? Einmal davon abgesehen, daß es völlig unklar erscheint, was ein absichtliches Ereignis sein soll, geraten wir hier in exakt die mißliche Lage, die zu vermeiden Ziel der Analyse war. Da Marys Erschießen des Einbrechers identisch ist mit ihrem Erschießen ihres Vaters, müßten wir sagen, ein und dasselbe Ereignis habe eine bestimmte Eigenschaft und habe sie zugleich nicht. Was Davidson so weit gewonnen hat, ist also nur ein klares Verständnis davon, welchen Sinn es hat, von verschieden beschriebenen Ereignistokens zu sprechen, soweit diese Beschreibungen keine Intentionsadverbien enthalten.

Was aber heißt es zu sagen, ein Ereignis sei unter einer Beschreibung eine intentionale Handlung, unter einer anderen aber nicht? Laut Davidson wird damit keine Eigenschaft des Ereignisses, sondern eine Eigenschaft der Beschreibung des Ereignisses angegeben. Intentionsadverbien geben eine dreistellige Relation an, eine Relation zwischen Ereignis, Akteur und einer bestimmten Beschreibung, die nicht notwendigerweise gleichermaßen zwischen demselben Ereignis, dem Akteur und einer anderen Beschreibung besteht.[18] Damit gibt es keine Subklasse der intentionalen Handlungen; vielmehr sind Davidsons Identitätsthese entsprechend *alle Handlungen intentional*. Ein Geschehen aber, für das es keine Beschreibung gibt, die es als aktives Tun eines Akteurs kennzeichnet, ist überhaupt keine Handlung, sondern ein bloßes Ereignis. Expliziert:

(A) *Ein Ereignis ist genau dann eine Handlung der Person A, wenn eine seiner Beschreibungen d in einen wahren Satz der Form ›A tut d absichtlich‹ eingesetzt werden kann.*[19]

Die Aussage ›Jede Handlung ist intentional‹ wird nun zur Tautologie. Was Handlungen von bloßen Ereignissen unterscheidet, ist ein Modus der Beschreibbarkeit — der Handelnde als Autor seines Tuns. Das heißt zugleich, daß jede Handlung eine Primärerklärung hat, denn eine erfolgreiche Handlungserklärung bestimmt per definitionem die Beschreibung, unter der die Handlung intentional ist. Davidsons Kurzformel lautet: Handlungserklärung aus Gründen ist *Neubeschreibung* (›redescription‹). Wir verstehen den Akteur im Lichte seiner eigenen Gründe, das heißt wir erkennen, wie der Handelnde selbst seine Handlung interpretiert. Stellen wir diese Überlegungen vom Kopf auf die Füße, erhalten wir ein notwendiges Kriterium für den Erfolg einer Handlungserklärung:

(K_1) *Handlung x ist intentional unter der Beschreibung d nur dann, wenn der Akteur einen Primärgrund für x unter der Beschreibung d hat.*

Doch Davidsons Identitätsthese wirft weitere Schwierigkeiten auf; sie hat einige kontraintuitive Konsequenzen.[20] Kehren wir noch einmal zu Mary zurück. Sie hat auf den Einbrecher geschossen — aber er stirbt erst beträchtliche Zeit später. Mary hat a) auf den Einbrecher geschossen und b) den Einbrecher getötet. Laut Identitätsthese handelt es sich auch hierbei um dieselbe Handlung unter verschiedener Beschreibung. Doch hat nicht Mary längst aufgehört zu schießen, als der Einbrecher stirbt? Sollten nicht Handlungen verschieden sein, die unterschiedliche Zeiträume in Anspruch nehmen? Auch hier zieht Davidson seinen Joker — zwar könnten wir die Handlung erst dann als Töten beschreiben, wenn der Einbrecher tot ist, aber das ändere nichts daran, daß es sich um Beschreibungen ein und desselben Ereignistokens handele: Mary muß, um zu töten, nichts weiter tun, als schießen. »[...] der Rest«, so Davidson, »bleibt der Natur überlassen« (1971: 59). Als anschaulichen Parallelfall verweist er auf einen seiner Ahnen: »[...] mein Ur-Ur-Großvater väterlicherseits hätte zu seinen Lebzeiten nicht mit genau diesen Worten beschrieben werden können, aber das zeigt nicht, daß er nicht dieselbe Person war wie Clarence Herbert Davidson aus Inverness« (1987b: 38).

Die Identitätsthese ist dabei nicht auf sogenannte kausale Verben wie ›töten‹ beschränkt, deren Bedeutung den Erfolg der Handlung schon voraussetzt. Unabhängig von der Art der verwendeten Verben können, wie sich am sogenannten ›Akkordeoneffekt‹ zeigt, Handlungen durch Folgen in beliebiger Entfernung in der durch sie in Gang gesetzten Kausalkette beschrieben werden: »Ein Mann bewegt seinen Finger, sagen wir: absichtlich, wodurch er den Schalter anknipst und bewirkt, daß ein Licht angeht, das Zimmer beleuchtet ist und ein Einbrecher gewarnt wird« (1971: 53). Die Kette ließe sich fortsetzen. Sobald der Akteur eines intentional getan hat (nämlich seinen Finger bewegt), »liefert uns jede Konsequenz eine Tat; der Handelnde bewirkt, was seine Handlungen bewirken« (1987b: 38). Wie ein Akkordeon läßt sich die Beschreibung der Handlung auch auf entfernte Handlungsfolgen ausdehnen oder aber zusammenschieben auf so elementare Handlungen wie Fingerbewegungen.

Wo stehen wir jetzt? Mit (K_1) hat Davidson ein notwendiges Kriterium dafür gewonnen, wann ein Ereignis als intentionale Handlung beschrieben ist: Der Akteur muß einen Primärgrund für die beschriebene Handlung x haben, also eine Pro-Einstellung Handlungen eines bestimmten Typs T gegenüber und die Überzeugung, daß x unter dieser Beschreibung zu T gehört. Dieses Kriterium ist nicht hinreichend, denn ein Akteur kann jede Menge geeigneter Primärgründe für x haben; woran wir interessiert sind, so Davidsons These, ist der kausal effektive Grund. Um das Haben eines Handlungsgrundes als Ursache der Handlung auszeichnen zu können, muß das Kriterium zugleich kausal gelesen werden.

b) Kausalerklärung

Davidson will Erklärungen aus Gründen und Kausalerklärungen als kompatibel verstehen. Er will zeigen, daß eine Handlungserklärung aus Gründen eine kausale Relation zwischen zwei Ereignissen beschreibt. Um zu sehen, wie er die Kausalrelation in diesen Kontext implementiert, müssen wir kurz auf den Begriff der Kausalität eingehen.

Davidson und Hume über Kausalität

In der empiristischen Tradition ist Hume Kronzeuge in Sachen Kausalität. Kausale Relationen sind für ihn nichts, was man als solches beobachten kann. Von Kausalität sprechen wir vielmehr dann, wenn bestimmte Ereignistypen so gekoppelt auftreten, daß Kausalgesetze formulierbar sind. Kausalgesetze werden dementsprechend als universal quantifizierte Konditionalsätze angesehen, die durch Induktion gewonnen, durch beobachtbare Beispiele bestätigt werden und kontrafaktische Aussagen unterstützen. Eine singuläre Kausalaussage (›singular causal statement‹), eine Aussage der Form

›Ereignis x verursachte Ereignis y‹, kann dieser Auffassung gemäß nur dann als Erklärung des Ereignisses angesehen werden, wenn es ein entsprechendes Gesetz gibt. Denn die Bedeutung der Einzelaussage besteht in der Behauptung, es sei immer so, in der Behauptung also, ein entsprechendes Gesetz gelte.

Darauf aufbauend, versucht Davidson, Beschreibungen und *tokens* sauber zu separieren. Er bestimmt die logische Form singulärer Kausalaussagen so, daß sie zwei singuläre Terme enthalten, die je ein Ereignistoken beschreiben. Der Satz

(10) *Der Kurzschluß verursachte das Feuer*

hat danach die logische Form

(10') *(ix)(iy)((x = ein Kurzschluß) und (y = ein Feuer) und (x verursache y)).*

Anders formuliert: Für dieses x und dieses y gilt, daß x ein Kurzschluß ist und y ein Feuer und x y verursachte. Die Kausalrelation selbst aber ist laut Davidson *beschreibungsunabhängig* — sie besteht zwischen den Ereignistokens, ganz gleich wie sie beschrieben sind. Kausal*gesetze* indessen operieren auf der Beschreibungsebene, beziehen sich mithin auf Ereignis*typen*. Kausalgesetze sind Davidsons Auffassung gemäß *strikte* Gesetze — sie sind wahr, das heißt gelten ausnahmslos und ermöglichen präzise Voraussagen. Solche Gesetze kann es nur im Rahmen dessen geben, was er eine ›umfassende, abgeschlossene Theorie‹ nennt, also ein System nomologischer Sätze, das über die konzeptuellen Ressourcen verfügt, jedes Ereignis x, das mit einem von der Theorie beschriebenen Ereignis y kausal interagiert, ebenfalls mit der Terminologie der Theorie zu beschreiben (›umfassend‹) und unter ein Gesetz der Theorie zu subsumieren (›geschlossen‹). Davidson zufolge stellt nur eine *ideale Physik* ein solches geschlossenes System dar; außerhalb einer idealen Physik kann es keine strikten Gesetze geben (vgl. 1987b: 45f.).

Zusammengenommen zeichnet Davidson folgendes Bild: Wenn zwei Ereignisse in kausaler Relation zueinander stehen, muß es Beschreibungen dieser Ereignisse geben, anhand derer sie sich unter ein striktes Gesetz subsumieren lassen. Sie müssen, heißt das, *tokens* von Typen sein, für die es ein Kausalgesetz gibt. Davidson nennt dieses Prinzip das *Prinzip des nomologischen Charakters der Kausalität* (1970a: 208). Dementsprechend kann eine wahre singuläre Kausalaussage über die beiden Ereignisse formuliert werden, die sie als zu diesen Typen gehörig beschreibt. Davon unabhängig aber gibt es eine Reihe weiterer Beschreibungen für jedes der beiden *tokens*. Mittels des Prinzips koreferentieller Substituierbarkeit können diese in die Kausalaussage eingesetzt werden, ohne daß es dadurch falsch würde. Mit anderen Worten: Laut Davidson kann es trotz des nomologischen Charakters der Kausalität über zwei kausal interagierende Ereignistokens x und y jede Menge wahrer singulärer Kausalaussagen geben, in denen x und y nicht als Instantiationen eines Kausalgesetzes beschrieben sind, mehr noch, in denen wir noch nicht einmal eine Ahnung zu haben brauchen, wie das entsprechende Gesetz lauten könnte. Gleichwohl wissen wir, so Davidson, daß es ein Gesetz geben muß, wenn die Aussage wahr ist.

Rationalisierung und Kausalerklärung

Davidsons These ist nun: Handlungserklärungen können *als singuläre Kausalaussagen interpretiert werden*, das heißt im Gegensatz zur These der ›logical connection‹-Argumente als Aussagen über zwei distinkte Ereignisse. Zwar sei es richtig, daß Handlungserklärungen keine unabhängige Beschreibung der Ursache ermöglichen, aber es seien eben die Beschreibungen der Ursache, für die das gelte, nicht die Ursache selbst. Deren materielle Instantiation, das Haben von Gründen, interpretiert Davidson als Ereignis, genauer als *mentales Ereignis* (›mental event‹): »Zwar sind Zustände und Dispositionen keine Ereignisse, aber es ist ein Ereignis, wenn ein Zustand oder eine Disposition von uns Besitz ergreift (›but the onslaught of a state or disposition is‹). Es kann sein, daß in dem Moment, in dem du mich ärgerst, in mir der Wunsch entsteht, deine Gefühle zu verletzen; es kann sein, daß ich beginne, eine Melone essen zu wollen, wenn ich gerade eine sehe; und es kann sein, daß Überzeugungen in dem Moment anfangen, in dem wir etwas bemerken, wahrnehmen oder erinnern« (1963a: 12).[21] Davidson etabliert das Haben von Gründen als Handlungsursache, indem er die Angabe von Gründen, das heißt die Zuschreibung propositionaler Einstellungen, als Beschreibung eigenständiger Ereignisse interpretiert. Die Unterscheidung von Ereignistoken und Beschreibung erlaubt es ihm damit, Handlungserklärungen als singuläre Kausalaussagen zu lesen. Dennoch, so Davidson, haben wir uns mit diesem Ergebnis weder darauf festgelegt, daß es psychologische Kausalgesetze geben muß, noch, und das ist überraschend, liefert es uns die Möglichkeit einer Definition intentionalen Handelns.

Zunächst zur Frage der Gesetze: Soll Rationalisierung eine Spezies kausaler Erklärung sein, dann muß es strikte Gesetze geben, die die Wahrheit der singulären Kausalaussagen sichern. Die Signifikanz dieser Frage sollte nicht unterschätzt werden; von ihrer Beantwortung hängen grundlegende Aussagen über die Möglichkeit und Natur einer wissenschaftlichen Psychologie ab, denn zur Debatte stehen elementare

Regelhaftigkeiten menschlichen Verhaltens. Sie wird in der Literatur fast ausschließlich als Frage nach der Erklärungskraft von Handlungserklärungen behandelt. Kausalerklärungen, so heißt es, verdanken ihre Erklärungskraft den Gesetzen, aus denen sie sich ableiten lassen. Ich halte diese Redeweise für unpräzise; wie oben dargestellt, gehört es nach Davidsons neo-Humeschem Kausalitätskonzept zur Bedeutung kausaler Statements, daß es ein dazugehöriges Gesetz gibt. Gibt es dieses nicht, wird nicht die Erklärungskraft fraglich, sondern die Aussage falsch. Um Handlungserklärungen als Kausalaussagen auszuweisen, muß Davidson nur plausibel machen, daß es dazugehörige Gesetze gibt. Die Erklärungskraft aber steht nicht zur Debatte; sie ist das grundlegende Datum. Was zu zeigen ist, ist, daß *kausal* erklärt wird.

Die fraglichen Gesetze können laut Davidson nur physikalische Gesetze sein. Handlungserklärungen sind zwar als singuläre Kausalaussagen interpretierbar, aber sie können unmöglich mit den Beschreibungen von Ursache und Effekt arbeiten, die diese unter ein striktes Gesetz subsumieren.

Warum nicht? Ein solches Gesetz wäre eines, das *mentale Ereignisse* subsumiert, das heißt, sowohl Ursache (propositionale Einstellung) als auch Effekt (intentionale Handlung) wären im sogenannten intentionalistischen Vokabular beschrieben. Dieses Vokabular ist jedoch, so Davidson, zur Formulierung strikter Gesetze ungeeignet. Erkläre ich die Handlung ›A schenkt sich eine Tasse Kaffee ein‹ mit einem adäquaten Primärgrund, müßte das entsprechende Gesetz etwa so lauten:

(MM) *Für alle Agenten A: wenn A eine Handlung des Typs ›Tasse Kaffee einschenken‹ für vollziehenswert hält und glaubt, daß x eine Handlung dieses Typs ist, dann vollzieht A x.*

Wäre (MM) wahr, könnte ein Interpret, der weiß, daß A einen solchen Primärgrund hat, A's Handlungen vorhersagen. (MM) ist jedoch offensichtlich falsch. Um so etwas wie eine wahre Generalisierung daraus zu machen, müßte (MM) durch ebensoviele Ausnahmeklauseln, sogenannte ceteris paribus-Klauseln, ergänzt werden, wie es mögliche Gründe gibt, eine Handlung, für die es einen Primärgrund gibt, dennoch nicht zu vollziehen. Und derer sind viele: Der Akteur kann andere Gründe dagegen haben, einen anderen Handlungstyp für wünschenswerter halten oder es schlicht versäumen, Pro-Einstellung und Überzeugung zusammen zu betrachten und syllogistisch zu verarbeiten, er kann daran gehindert werden, x zu tun, oder nicht wissen, wie man x macht, etc. Ganz allgemein formuliert, gibt es so etwas wie eine Tendenz, x zu tun, wenn man einen Primärgrund dafür und keine stärkeren Gründe dagegen hat. Jemandem einen Primärgrund zuzuschreiben, heißt damit, ihm eine *Disposition* zuzuschreiben, eine Tendenz, in bestimmter Weise zu handeln, wenn alle weiteren Umstände günstig sind. Das aber ist bestenfalls so etwas wie eine wahre Generalisierung — jedoch kein striktes Gesetz. Strikte Gesetze erlauben keine Ausnahmen; die Handlungserklärungen korrespondierenden Generalisierungen aber erlauben wahrscheinlich mehr Ausnahmen als sie Anwendungsfälle haben.

Dies ist die erste Hälfte der berühmten Davidsonschen These vom *Anomalismus des Mentalen*, der These, daß es keine strikten Gesetze gibt, mit denen mentale Ereignisse vorhergesagt oder erklärt werden können (vgl. 1970a: 208). Handlungserklärungen sind laut Davidson nichtsdestoweniger kausale Erklärungen; sie enthalten einen nicht-eliminierbaren Rekurs auf die Kausaleffizienz ihrer Elemente. Der Primärgrund einer Handlung bestimmt sich von deren Effekt her als dasjenige ›belief-desire‹-Paar mit der benötigten kausalen Wirkungskraft. Das heißt: für Davidson sind Überzeugung und Pro-Einstellung *kausale Dispositionsbegriffe*. Sie erklären Handlungen in ganz ähnlicher Weise wie wir die Anziehungskraft eines Stückes Eisen auf andere damit erklären, daß es sich dabei um einen Magneten handelt. Davidson behauptet folglich einen wesentlichen Unterschied zwischen den kausalen Erklärungen idealer Physik einerseits und Erklärungen mit Hilfe von Kausaldispositionen andererseits. Die zweite Art findet sich laut Davidson in den Spezialwissenschaften, den Sozialwissenschaften und unseren alltäglichen Handlungserklärungen (vgl. 1987b: 44).[22]

Damit bleibt nur eine Möglichkeit, die Gesetze, deren Existenz wahre Kausalaussagen implizieren, zu verorten — sie müssen eine andere, nicht-intentionalistische Terminologie verwenden. Davidson vergleicht die Situation mit der der Wettervorhersage. Das Wetter muß letztlich, also auf der Ebene physikalischer Gesetze, vorhersagbar sein, doch die Terminologie von Regen, Wolken und Wind vereitelt offensichtlich die Formulierung präziser Gesetze. Analoges gilt seiner Ansicht nach für Handlungen. Auf der Ebene intentionaler Beschreibung können keine präzisen Gesetze formuliert werden, doch als Bestandteile des physikalischen Gesamtsystems Universum müssen auch Handlungen und mentale Ereignisse unter entsprechenden physikalischen Beschreibungen in gesetzmäßiger Verbindung stehen. Wenn das korrekt ist, und wir werden später darauf zurückkommen, ob Davidsons Version des Physikalismus wirklich vertretbar ist, kann Davidson Handlungserklärungen als singuläre Kausalaussagen lesen. Er muß dabei voraussetzen, daß das Haben des Primärgrundes und die Handlung in einem anderen, physikalischen Vokabular als Ereignisse beschrieben werden können, für die ein Kausalgesetz gilt. Damit sind kausal gelesene Handlungserklärungen zwar weniger informativ als die Erklärungen einer idealen Physik, aber entgegen den Annahmen des ›logical connection‹-Argumentes keineswegs tautologisch, so Davidson. Denn aus der Vielzahl geeigneter Primärgründe, die ein System propositionaler Einstellungen für eine Handlung anbietet, gibt sie den kausal effektiven an.

Damit sieht sich Davidson am Ziel: Folgen wir ihm bis hierhin, dann können wir Handlungserklärungen als singuläre Kausalaussagen lesen. Doch entgegen unseren und wohl auch Davidsons eigenen anfänglichen Erwartungen erlaubt auch die Etablierung von Handlungserklärungen als kausalen Erklärungen *keine Definition intentionalen Handelns.* Davidsons Argument für diese überraschende Wendung trägt den Namen ›deviant causal chains‹ (abweichende Kausalketten). Er bezeichnet Fälle, in denen alle bisher genannten Bedingungen für intentionales Handeln erfüllt sind und wir dennoch nicht sagen können, die Handlung sei absichtlich gewesen, weil die Art der Verursachung des erwünschten Effekts gewisse Exzentrizitäten zeigt.

Als Beispiel stellen wir uns ein geeignetes Westernszenario vor, eine einsame Bergwaldlandschaft im amerikanischen Westen. Smith verfolgt Jones mit der Absicht, ihn zu erschießen. Es kommt zur Konfrontation, Smith zielt und feuert, verfehlt Jones jedoch. Das Echo seines Schusses aber, von den steilen Gebirgshängen der Sierra Nevada schauerlich vervielfacht, weckt eine Herde bis dahin friedlicher Wildschweine, die in Panik ziellos losrennen — und, es war zu erwarten, Jones tottrampeln (vgl. 1973c: 78). In diesem Beispiel hat Smith Jones nicht absichtlich umgebracht, geschweige denn ihn erschossen, obwohl er einen geeigneten Primärgrund hatte und obwohl dieser zur Todesursache wurde. Davidson folgert: »[...] nicht jeder beliebige kausale Zusammenhang zwischen rationalisierender Einstellung und gewollter Wirkung reicht hin, um zu gewährleisten, daß die Herbeiführung der gewollten Wirkung absichtlich war. Die Kausalkette muß in der richtigen Weise verlaufen« (1973c: 78). Diesen richtigen Weg einer Kausalkette aber hält er für nicht mehr weiter spezifizierbar. Selbst wenn es gelänge, Kriterien zu finden, die es ermöglichten, Kausalketten auszuschließen, die wie die des Beispiels die *externen* Folgen der Handlung betreffen, so bleibe prinzipiell dennoch immer die Möglichkeit abweichender *interner* Verursachung. Schon für die elementare Körperbewegung gelte, daß sie nur dann intentional ist, wenn sie auf die richtige Weise verursacht wurde. Hier ein Beispiel für eine interne ›deviant causal chain‹: Ein Bergsteiger, der das Seil für einen zweiten, ihm folgenden Kletterer hält, verspürt den Wunsch, sich von der damit für ihn selbst verbundenen Absturzgefahr zu befreien. Er weiß ferner, daß er sich von dieser Gefahr befreit, wenn er das Seil losläßt. Wunsch und Wissen verunsichern ihn derart, daß seine Hände zu zittern beginnen und ihm das Seil tatsächlich entgleitet. In diesem Beispiel sind Primärgrund und elementare Körperbewegung kausal verbunden, und dennoch handelt es sich nicht um intentionales Handeln — genauer gesagt handelt es sich bei der betreffenden Körperbewegung überhaupt nicht um eine Handlung, sondern um ein bloßes Ereignis.

Davidson folgert: Es gibt keine Möglichkeit, den ›deviant causal chains‹ zu entkommen (vgl. 1973c: 79). In der interdependenten Terminologie propositionaler Einstellungen kann es keine Definition des Begriffs der intentionalen Handlung geben. Im Rahmen einer Kausaltheorie ist nur ein Kriterium wie dieses erreichbar:

(K₂)   *Handlung x ist intentional unter der Beschreibung d nur dann, wenn*
— *der Akteur einen Primärgrund g für x unter der Beschreibung d hat, und*
— *g x auf die richtige Weise verursacht.*[23]

Um zu erklären, wie es offenbar trotz der allgegenwärtigen Möglichkeit abweichender Kausalketten gelingt, Handlungen durch Angabe des stärksten Grundes zu rationalisieren, ist Davidson zu einer Revision der simplen syllogistischen Lesart der Erklärungsrelation gezwungen.

c) Praktische Urteile

Bisher haben wir uns auf das Verhältnis von Grund und intentionaler Handlung konzentriert und zwecks Überschaubarkeit des Terrains eines ausgeblendet: die Entscheidung für Handlung x ist im Normalfall eine Entscheidung gegen andere Handlungen, jedenfalls aber gegen nicht-x. Auch ohne moralische Ge- oder Verbote zu invozieren, erscheint es nicht wesentlich übertrieben, Handlungsentscheidungen als Lösungen von Interessenkonflikten anzusehen. Sich für eine bestimmte Handlung zu entscheiden, heißt, ein evaluatives Urteil über mehrere Handlungen zu fällen. Wer jedoch in aristotelischer Tradition die Relation von Gründen und Handlungen deduktiv konzipiert und Handlungen als Konklusionen praktischer Syllogismen ansieht, verfehlt diesen evaluativen Charakter. Vergegenwärtigen wir uns noch einmal die Form eines praktischen Syllogismus:

(O)   *(x) (Sx → Dx),*
(U)   *Sa,*
(K)   *Da.*

Interpretieren wir das Beispiel wie oben, so folgt aus dem Wunsch, etwas Süßes zu essen, und der Überzeugung, Handlung a bestehe darin, etwas Süßes zu essen, daß a vollziehenswert ist. Nehmen wir jetzt aber zusätzlich an, a bestehe dummerweise gleichzeitig darin, etwas Giftiges zu essen, und ich verspürte nicht den Wunsch, mich zu vergiften, dann gilt:

(O') *(x) (Gx → nicht Dx),*
(U') *Ga*, also
(K') *nicht Da.*

Demnach ist a zugleich vollziehenswert und nicht-vollziehenswert, eine direkte Kontradiktion. Der praktische Syllogismus erweist sich damit als ungeeignetes Mittel, Prozesse praktischen Urteilens zu rekonstruieren, was zugleich bedeutet, daß die Relation von Primärgrund und Handlung nicht deduktiv konzipiert werden kann. Primärgründe erklären in einem weitaus komplexeren Sinne als bisher unterstellt.

Dieser Schwierigkeit begegnet Davidson mit einem *revidierten Modell praktischen Urteilens*. Es soll zugleich in der Lage sein, weitere Defizite des bisherigen Ansatzes auszugleichen, denn der praktische Syllogismus kann weder mit dem Phänomen bloßer Absichten noch mit dem der Willensschwäche umgehen.

Bloße Absichten (›pure intentions‹) sind nicht-realisierte Handlungsentscheidungen. Ihre Existenz erfordert die Annahme eines intermittierenden Ereignisses zwischen dem Haben eines Primärgrunds und der Handlung; Handlung und Konklusion können nicht länger miteinander identifiziert werden. Damit führt Davidson eine dritte handlungsrelevante propositionale Einstellung ein: die Intentionen.[24] Intentionen faßt er als handlungsanweisende Urteile auf — ihre Form ist die einer syllogistischen Konklusion: x ist vollziehenswert (vgl. 1978a: 97). Er verknüpft sie extrem eng mit Handlungen: In seiner Konzeption sind Intention und Handlung nur durch äußere Hindernisse oder, im Falle von Intentionen, die sich auf zukünftige Handlungen richten, durch einen erneuten Urteilsprozeß voneinander separierbar. »Wenn jemand eine Intention, sofort zu handeln, faßt, und ihn nichts aufhält, dann handelt er« (1985d: 214). Damit aber befindet er sich in einem Dilemma, denn auch die Relation von Grund und Intention kann nicht syllogistisch konzipiert werden, ohne in die dargestellten Kontradiktionen zu geraten.

Ebensowenig wird er auf diese Weise mit dem vieldiskutierten Phänomen der *Willensschwäche (akrasia)* fertig, das ganz spezielle Anforderungen an ein kausales Modell praktischen Urteilens stellt. Willensschwach ist, wer zu dem Urteil gelangt, daß Handlung x vollziehenswert ist — und dennoch freiwillig y tut. Aufgrund der engen Assoziation von Intention und Handlung bedeutet akrasia für Davidson, ein *irrationales Urteil* zu fällen. Denn der Akratiker wird nicht zu y gezwungen, muß also eine Intention, y zu tun, geformt haben. Wäre die Relation von Grund und Intention deduktiv, das heißt, ergäbe sich die Intention zwangsläufig aus den stärksten Gründen, so wäre es in einem kausal gelesenen Modell praktischen Urteilens unmöglich, akratisches Verhalten auch nur als Phänomen zuzulassen. Das Haben des stärksten Grundes wäre die stärkste Handlungsursache, *also* würde der Akteur entsprechend handeln — er könnte gar nicht anders.

Davidson muß also ein revidiertes Modell praktischen Urteilens präsentieren, das Handlung und Intention separiert, das Verhältnis von Gründen und Urteil so konzipiert, daß Irrationalität logisch möglich wird und das Urteil Ergebnis einer Abwägung ist. Der Syllogismus in seiner Urform führt zu kontradiktorischen Konsequenzen, weil er die Pro-Einstellung formalisiert, als empfehle sie unterschiedslos jede Handlung eines Typs T, das heißt als universelle Generalisierung. Das ›süß aber giftig‹-Beispiel sollte jedoch zeigen, daß das falsch sein muß. Die Generalität des Wunsches, etwas Süßes zu essen, ist vielmehr aspektbezogen: Er richtet sich nur *insofern* auf alle Handlungen dieses Typs, *als* sie darin bestehen, etwas Süßes zu essen. In jedem Einzelfall aber können gewichtige Gründe gegen die Handlung sprechen, ohne daß der Wunsch dadurch aufgegeben wäre. Davidson schlägt daher vor, Pro-Einstellungen als konditionale Urteile aufzufassen, als bedingte Empfehlungen. Solche Empfehlungen nennt er ›prima facie-Urteile‹; den Wunsch, etwas Süßes zu essen, faßt Davidson z. B. so auf:

(11) *Für alle Handlungen x: insofern x das Essen von etwas Süßem ist, ist x vollziehenswert.*[25]

Der Witz besteht darin, daß aus prima facie-Urteilen immer nur weitere prima facie-Urteile ableitbar sind. In unserem Beispiel gelange ich zwar zu dem Schluß, daß a insofern vollziehenswert ist, als es das Essen von etwas Süßem ist, aber gleichzeitig ist a nicht vollziehenswert, insofern die Schokolade vergiftet ist. Jedoch widersprechen sich diese beiden Urteile nicht; vielmehr muß ich sie gegeneinander abwägen und mich dann für oder gegen a entscheiden. Für beides indessen, für die Abwägung der relevanten Urteile und die anschließende Entscheidung bzw. deren theoretische Beschreibung, reichen klassisch-logische Mittel nicht aus. Um bezüglich a zu einer Entscheidung zu kommen, werde ich zunächst alle relevanten Gründe gegeneinander abwägen; das Ergebnis hängt dabei von der Stärke meiner Präferenzen ab und davon, für wie wahrscheinlich ich die jeweils möglichen Folgen von a halte. Eine solche Abschätzung läßt sich mit dem Kalkül der Entscheidungstheorie beschreiben und führt zu einem Urteil, das Davidson ein ›all things considered‹-Urteil nennt: Ich habe dabei alle mir bekannten relevanten Gründe bedacht. Dennoch ist nur für ein allwissendes Wesen ein ›all things considered‹-Urteil das Äquivalent einer Intention. Für jeden weniger als allwissenden Akteur aber ist auch dieses noch ein prima facie-Urteil und der Übergang zu einer unkonditionalen Intention deshalb kein formallogischer. Dennoch ist es *rational*, ihn zu vollziehen, wenn alle verfügbaren relevanten Gründe abgewogen wurden. Das diesen Übergang legitimierende Prinzip nennt Davidson das *Principle of Continence* und präsentiert es in einer Reihe variierender Formulierungen, die alle mehr oder minder zwischen zwei möglichen Lesarten oszillieren: eine ist auf Handlungen und eine auf Urteile bezogen.[26] Meiner Ansicht nach sollte das Prinzip in Anbetracht der engen Assoziation von Handlung und Intention gleichermaßen als Anweisung für Handlungen wie für Urteile angesehen werden. Die ursprüngliche Formulierung lautet schlicht:

(PCont) »*vollziehe die Handlung, die du auf der Basis aller relevanten Gründe als die beste beurteilst*« (1970c: 41).

Davidson liefert damit ein dreistufiges Modell praktischen Urteilens, das Pro-Einstellungen mit prima facie-Urteilen identifiziert, die zusammen mit allen relevanten propositionalen Einstellungen des Handelnden einem komplexen, entscheidungstheoretisch beschreibbaren Abwägungsprozeß unterzogen werden. Erfüllt diese Abwägung die Anforderungen des *Principle of Continence*, legitimiert sie den Übergang zu unkonditionalen Urteilen, also Intentionen. Dieses Modell erfüllt die oben genannten drei Bedingungen: es führt Intentionen als separate mentale Ereignisse ein, der Übergang vom ›all things considered‹-Urteil zur Intention ist kein formaler, das heißt irrationales Urteilen im Sinne des Akratikers ist logisch möglich, und das Urteil, das dem *Principle of Continence* genügt, ist Ergebnis einer Abwägung. Inwieweit dadurch allerdings Phänomene der Irrationalität *verständlich* gemacht werden können, wird noch zu klären sein.

Zunächst stellt sich jedoch eine grundlegendere Frage: Welche Rolle spielen das entscheidungstheoretische Kalkül und das *Principle of Continence* hier? Das revidierte Modell praktischen Urteilens stellt ja keinen Ausflug Davidsons in die praktische Philosophie dar, sondern ist als theoretische Rekonstruktion der von Handlungserklärungen erbrachten Erklärungsleistung intendiert; es dient der weiteren Klärung der oben als ›logisch‹ gekennzeichneten Relation von Grund und Handlung. In dieser Relation diagnostiziert Davidson eine logische Lücke, die er mit Hilfe des *Principle of Continence* schließt. Ist die Diagnose korrekt, so nimmt jede erfolgreiche Handlungserklärung aus Gründen die Gültigkeit dieses Prinzips in Anspruch. Was rechtfertigt die Annahme, Akteure urteilten (im Normalfall) ihrem besten Wissen entsprechend? Davidson argumentiert, daß die bei der Rekonstruktion von Entscheidungen verwendeten Prinzipien keine empirisch testbaren Hypothesen sind (vgl. 1976a: 268ff.). Vielmehr handelt es sich um *Rationalitätspräsuppositionen*, zu deren Annahme es keine Alternative gibt, solange wir davon ausgehen, daß propositionale Einstellungen und Handlungen eines Akteurs gemeinsam eine kontinuierliche interpretierbare Struktur bilden. Es ist der *Standpunkt des Interpreten*, von dem aus die Notwendigkeit erkennbar wird, die dem *Principle of Continence* eignet. Wie bei sprachlichen Handlungen, so gilt auch hier, daß Handlungen nur dann interpretierbar sind, wenn sie als Bestandteile einer rationalen Struktur gekennzeichnet werden können.

Diese Behauptung erscheint zwar weniger plausibel als die analoge, auf Sprechakte bezogene, doch im Davidsonschen Modell erweist sich die Differenz als virtuelle. Jeder Handelnde, der die Gründe seines Handelns erklärt, macht eine grundlegende konzeptuelle Interdependenz von propositionalen Einstellungen und Handlungsbeschreibungen für sich nutzbar; was Handlungen auszeichnet, ist ein besonderer Modus der Beschreibbarkeit. Dieser Modus ist mit der Sprache der propositionalen Einstellungen untrennbar verknüpft: Ein in dieser Sprache nicht beschreibbares Ereignis, eine Handlung ohne Interpretation also, ohne Erklärung, ist keine Handlung. Kurz, jede Handlung ist eine interpretierte Handlung. Damit wird die Annahme, Akteure urteilten ihrem besten Wissen zufolge, zur notwendigen Voraussetzung dafür, überhaupt Handlungen erklären zu können, und in diesem sehr grundlegenden Sinne ist es laut Davidson *keine empirische Frage*, daß eine handelnde Person rational ist.

Akzeptieren wir diese Lesart von Erklärungen aus Gründen als singuläre Kausalaussagen, so erlaubt das *Principle of Continence* dem Interpreten nun, in der Mehrzahl der Fälle davon auszugehen, daß der stärkste Grund die stärkste Ursache ist. Gleichermaßen kann er meistens davon ausgehen, daß mit dem Primärgrund einer Handlung ihre Ursache beschrieben ist. Die Möglichkeit abweichender Kausalketten bleibt zwar bestehen, aber das *Principle of Continence* schließt aus, daß sie der Normalfall sind.

Es bleibt noch, auf die Frage der akrasia oder genereller der Irrationalität zurückzukommen. Der Interpret steht gemäß dem *Principle of Continence* unter starkem Druck, Handlungen erfolgreich zu rationalisieren. Wie aber kann so Irrationalität erklärt werden? In der Tat muß die zugelassene mögliche Irrationalität der Handlungen eines Akteurs als eingeschränkt angesehen werden. Auf der Basis Davidsonscher Handlungs- und Interpretationstheorie ist es unmöglich, jemanden für durchgehend irrational und dennoch eine handelnde Person zu halten. Zur Diskussion stehen also einzelne, sporadische Anfälle von Irrationalität. Und diese sind als interne Inkonsistenzen im System propositionaler Einstellungen des Akteurs zu bestimmen, denn die verletzte Rationalität ist als Konsistenz solcher Systeme konzipiert.

Wogegen verstößt nun beispielsweise der Akratiker? Offensichtlich gegen das *Principle of Continence*. Davidson sieht es deshalb selbst als Bestandteil der Struktur propositionaler Einstellungen des Akteurs an, um Phänomene der Irrationalität als solche beschreiben zu können. Eine akratische Handlung wird dann als Handlung bestimmt, die nicht aus den vom *Principle of Continence* empfohlenen Gründen begangen wird, sondern aus anderen. Wie aber kann eine Kausaltheorie Handlungen aus Gründen erklären, die nicht die stärksten Ursachen sind? Davidson löst das Problem auf Freudsche Weise: Es kann keine Erklärung für Irrationalität geben, wenn wir von einem vollständig homogenen System propositionaler Einstellungen ausgehen. Irrationale Gründe, die sich durchsetzen können, finden wir nur, wenn wir annehmen, ein und dasselbe System könne in verschiedene Sektoren oder Substrukturen unterteilt werden, über deren Grenzen hinweg Überzeugungen und Präferenzen nicht rational gegeneinander abgewogen werden, obgleich sie *kausal* miteinander verbunden bleiben. Der Akratiker z. B. isoliert dieser Deutung gemäß das *Principle of Continence* vom Rest seines Systems und kann so zu Intentionen gelangen, die weniger als rational sind.[27]

3. Vereinigte Handlungs- und Bedeutungstheorie

Der Interpret ist mittels dieser handlungstheoretischen Überlegungen imstande, aus Überzeugungen und Präferenzen Handlungsintentionen zu ermitteln. Doch interessiert ihn letztlich der entgegengesetzte Fall: Er muß aus uninterpretierten Handlungen simultan Bedeutungen, Intentionen, Überzeugungen und Präferenzen ermitteln. Im Anschluß an Richard Jeffrey[28] entwickelt Davidson deshalb ein Kalkül, das die Lösung dieser Aufgabe ermöglichen soll — die *Vereinigte Handlungs- und Bedeutungstheorie* (›unified theory of meaning and action‹, vgl. 1980 und 1985a). Dieses Kalkül hier detailliert darzustellen, überstiege den Rahmen einer Einführung. Anhand der Überlegungen dieses Kapitels sollte jedoch Davidsons generelle Konzeption der Interpretation rationalen Handelns nachvollziehbar werden: Mit Hilfe der Interpretation nonverbalen Handelns sollen Präferenzen und Relationen evidentieller Begründung ermittelt werden.[29]
Der Radikalinterpret, der Bedeutungs- und Handlungstheorie im Sinne von Davidsons ›Vereinigter Theorie‹ simultan betreibt, arbeitet mit einer sehr weitgehenden Ähnlichkeitsunterstellung: Er schreibt dem Interpreten ein System propositionaler Einstellungen zu, das seinem eigenen weitgehend gleichkommt. Systeme propositionaler Einstellungen sind in diesem Modell von einer grundlegenden Rationalität gekennzeichnet, die die Bedingung dafür darstellt, bestimmte Ereignisse als Handlungen zu deuten und bestimmte Tiere als handelnde Personen. Analog zur Interpretation sprachlichen Handelns können wir diese Unterstellung als ein *weites Principle of Charity* auffassen. Die Maximen der Wahrheits- und Konsistenzunterstellung werden dabei durch das *Principle of Continence* ergänzt.

V. Sprache und Welt:
Davidsons ›Neuer Antisubjektivismus‹

In den voranstehenden Kapiteln haben wir die Entwicklung von Davidsons allgemeiner Interpretationstheorie nachvollzogen. In seiner holistischen Hermeneutik wird Interpretation zum Schlüsselbegriff unseres Selbstverständnisses als rationale Wesen, als denkende und handelnde Personen und unseres Weltverhältnisses zugleich – beide erscheinen als gleichursprüngliches Produkt interpretativer Interaktion. Wer wir sind, und wo unser Ort ist in der Welt – diesen Fragen gilt letztlich das philosophische Interesse, sie motivieren, wenn auch häufig nur indirekt, noch die kleinsten Detailfragen einer Bedeutungstheorie. Deshalb möchte ich nach diesem streckenweise eher technischen Durchgang durch Sprach- und Handlungstheorie versuchen, den Bogen zu einigen der ›großen‹ Orientierungsfragen theoretischer Philosophie zu schlagen und zeigen, daß Davidson davor keineswegs haltmacht. In diesen letzten beiden Kapiteln soll es also um Konsequenzen Davidsonscher Interpretationsphilosophie für traditionelle Probleme gehen. Wir werden uns mit zwei Fragestellungen befassen, für die Davidsons Position besonders markante Folgen hat. Die Stichworte lauten ›Sprache und Welt‹ bzw. ›Geist und Materie‹.

Der Sprachphilosophie Davidsons wohnt eine besondere Affinität zu epistemologischen und wahrheitstheoretischen Fragen inne: Davidson expliziert Verstehen in Abhängigkeit von Wahrheit. Verstehen, so seine Pointe, können wir, weil wir immer schon wissen, was Wahrheit ist. Erkenntnis- und Wahrheitstheorie hängen so in diesem Modell aufs Engste zusammen: Die initiale Unterstellung der Sprachphilosophie Davidsons ist die eines *vorgängigen,* intersubjektiv konstituierten *Weltbezugs.* Vom Verstehen ausgehend, kann im Rückschluß auf die damit notwendigerweise verbundenen epistemologischen Präsuppositionen dieser Weltbezug selbst zugänglich gemacht werden (vgl. 1989: 301). Eine solche Wendung der Interpretationstheorie erscheint möglich und plausibel, weil der Radikalinterpret nur dann eine W-Theorie für sein L entwickeln kann, wenn er zur Konstruktion seiner W-Äquivalenzen ein interpretiertes W-Prädikat verwendet, also sein eigenes, intuitives Konzept von Wahrheit. Während Tarskis W-Prädikate eine strukturelle Beschreibung einer Sprache liefern, deren Übersetzung bekannt ist, und gerade keinen Beitrag zu einer Theorie der Wahrheit leisten, weil dafür interessant wäre, was W-Prädikate verschiedener Sprachen gemeinsam haben, soll das Gedankenexperiment radikaler Interpretation zeigen, daß diese strukturellen Beschreibungen dann und nur dann als empirisch gehaltvolle Bedeutungstheorien verstanden werden können, wenn das W-Prädikat *vortheoretisch interpretiert* wird. Ohne ein allen Sprechern gleich welcher Sprache gemeinsames Wahrheitsverständnis kann es in diesem Modell keine gelingende Kommunikation geben. Bubner faßt zusammen: »Sprache ist kein instrumentelles Zeichensystem, dessen Gegenstandsbezug erst noch zur Diskussion steht [...] Sprache hat von Hause aus keine andere Funktion, als Welt zugänglich zu machen.«[1]

So argumentiert Davidson auf der Basis seiner Interpretationsphilosophie für ein *intersubjektivistisches Wahrheitsverständnis.* Er versucht, einen dritten Weg zwischen Korrespondenz- und Kohärenztheorien der Wahrheit, zwischen

Realismus und Antirealismus einzuschlagen. Sein entscheidendes Argument dabei: In gelingender sprachlicher Kommunikation »geht es immer darum, genau die Entitäten aus der eigenen Sprache heraus wiederzuerkennen, die der Sprecher aus seiner erkennt«.[2] Diese Identifikation gelingt, jedenfalls in hinreichend einfachen Fällen, wenn das *Principle of Charity* in Form des Prinzips der Wahrheitsunterstellung angewendet wird. Verstehen setzt damit voraus, daß Sprecher und Interpret in einer ›gemeinsamen Welt‹ (›shared world‹) leben; in den methodologisch grundlegenden Fällen interpretiert der Interpret so, daß beide dieselben Sätze über dieselben Entitäten für wahr halten. So entsteht als ›Nebenprodukt‹ der Interpretation ein gemeinsames Verständnis der Realität: »Die grundlegende Quelle sowohl von Kommunikation als auch von Objektivität ist das Dreieck, das dadurch, daß es Sprecher, Interpret und Welt verbindet, den Inhalt von Denken und Sprechen bestimmt« (1989: 325). Im Davidsonschen Bild wird objektive Realität nur durch intersubjektiv für wahr gehaltene Überzeugungen zugänglich, erscheint aber durchaus unabhängig von einzelnen Überzeugungen einzelner Personen — diese können je falsch sein. Wie sich solcherart Objektivität intersubjektiv konstituiert, verdeutlicht Davidson anhand einer Analogie: »Wäre ich auf der Erde verankert, dann hätte ich keine Möglichkeit, die Entfernung vieler Gegenstände von mir festzustellen. Ich wüßte nur, daß sie sich auf einer von mir aus in ihre Richtung verlaufenden Linie befinden. Ich könnte erfolgreich mit Objekten interagieren, aber ich könnte der Frage, wo sie sind, keinen Inhalt geben. Nicht festgenagelt, bin ich frei zu triangulieren. Unser Verständnis von Objektivität ist Konsequenz einer anderen Art von Triangulation, einer, die zwei Wesen erfordert. Jedes davon interagiert mit einem Gegenstand, aber was jedem ein Verständnis davon gibt, wie die Dinge objektiv sind, ist die Grundlinie, die die Sprache zwischen den Wesen bildet. Einzig die Tatsache, daß sie ein Verständnis von Wahrheit teilen, gibt der Behauptung Sinn, sie hätten Überzeugungen, sie wären in der Lage, Gegenständen einen Platz in der öffentlichen Welt zu geben« (1982c: 317).

Für Davidson sind wir berechtigt, die zum Verstehen notwendigen Kausalhypothesen für wahr zu halten, weil ihre Annahme konstitutiv für unsere Existenz als sprachbegabte und vernünftige Wesen, kurz, unser Personsein ist. Die Notwendigkeit, die sich dieses Argument zunutze macht, ist eine relative, eine Notwendigkeit für sprachbegabte Wesen. Aber, so Davidson, »das ist so objektiv wie es nur sein kann« (1974: 198). Als Alternative bleibt nur *Skeptizismus* übrig. Ein Skeptiker wird darauf beharren, daß »daraus, daß wir uns die Welt auf bestimmte Weise denken müssen, [...] in keiner Weise [folgt], daß die Welt tatsächlich so ist«.[3] Es ist dies eine radikale Variante des Außenweltskeptizismus. Ihr Anhänger konfrontiert *jeden* Anspruch auf Wissen über die Welt mit seiner Frage ›Woher weißt du das?‹ und akzeptiert prinzipiell keinerlei Begründungen, nicht einmal solche, die darauf rekurrieren, was wir für wahr halten *müssen*, wenn wir überhaupt sinnvoll von etwas sprechen wollen. Es gibt zwei Möglichkeiten, diesem Skeptiker zu begegnen. Man kann ihn pathologisieren und links liegen lassen, wie es Frede vorschlägt: »[...] da er noch nicht einmal bei sich selbst sicher sein kann, ob er über denselben Gegenstand spricht, wenn er sich zum zweiten Mal darauf bezieht, ist er sowieso unheilbar.«[4] Oder aber, und diesen Weg schlägt Davidson ein, man versucht zu zeigen, daß aus der Perspektive der eigenen Position die skeptische Frage gar nicht erst gestellt werden kann. Wäre jemand ernstlich Skeptiker im unterstellten Sinne, so interessierte ihn ein solches konditionales Argument wahrscheinlich wenig. Er ist jedoch nur solange gefährlich, wie wir als Proponenten einer inhaltsreichen Position bestimmte Grundannahmen mit ihm teilen, denn nur dann sind wir im Sinne des Cartesianischen Rigorismus verpflichtet, seinem Zweifel zu folgen. Die Auseinandersetzung zielt also nur darauf ab, herauszuarbeiten, warum ein Anhänger Davidsons kein Skeptiker zu sein braucht.

Davidsons antiskeptische Argumente haben eine recht lange Geschichte, erste Versionen finden sich vor allem in dem einflußreichen Aufsatz »On the Very Idea of a Conceptual Scheme«; explizit gegen den Skeptiker argumentiert er dann in »A Coherence Theory of Truth and Knowledge«, wo ein berühmt-berüchtigter allwissender Interpret zum Gegenspieler eines Skeptikers wird, der fragt: Warum sollten nicht auch notwendige Unterstellungen objektiv falsch sein können? Allen Versionen ist gemeinsam, daß der Skeptiker unter Wahrheit eine Relation der Korrespondenz zwischen Welt und Satz bzw. Überzeugung versteht, wohl wissend, daß eine solche Relation keiner Überprüfung zugänglich ist. Sein Gegner aber tappt in die aufgestellte Falle und weist ihm die epistemologische Unsinnigkeit der Idee nach, einen Satz mit der Wirklichkeit vergleichen zu wollen. Dies, so der Anti-Skeptiker, ist ein Kategorienfehler: Die Begründung einer Überzeugung kann immer nur wieder eine weitere Überzeugung sein. Und er verweist auf eine Reihe gescheiterter Versuche, zumindest bestimmte Überzeugungen oder Sätze mit Gewißheit auszuzeichnen, z. B. durch ihre Beziehung zu Sinnesdaten, um so ein Fundament für mögliches Wissen von der Welt zu schaffen. Doch davon braucht sich der Skeptiker nicht beeindrucken zu lassen; seine Grundannahme besteht gerade darin, daß alles, was wir über die Welt denken, falsch sein kann. Wenn wir es noch dazu nicht einmal überprüfen können, verleiht das seinem Zweifel nur noch mehr Gewicht.

Davidson jedoch braucht sich nicht auf ein solches Argument zu verlassen. Seine These ist vielmehr, daß das neue Bild, das er vom Verstehen und seinem Weltbezug entwirft, der skeptischen Frage und ihrer infiniten Iteration gar nicht erst eine Vorlage bietet. Ansatzpunkt des Skeptikers ist die unterstellte Relation zwischen Überzeugung und Welt, aufgefaßt als Relation zwischen Repräsentation und Repräsentiertem. Dagegen fordert Davidson, diese repräsentationale Auffassung des Geistes und seiner Objekte aufzugeben. Weder gibt es, so seine These, etwas, das zu repräsentieren wäre, noch gibt es Repräsentationen. »Überzeugungen sind wahr oder falsch«, heißt es in »The Myth of the Subjective«, entweder ihre Wahrheitsbedingungen sind erfüllt oder nicht, und dafür, daß sie es in den meisten Fällen sind, sorgt die Welt auf kausalem Wege von allein, »aber sie repräsentieren nichts« (1989a: 165). Das ist allerdings neu — Davidson spricht von einem ›sea change‹ im gegenwärtigen philosophischen Denken, einer grundlegenden Revision des Verhältnisses des menschlichen Geistes zum Rest der Natur, des ›Subjektiven‹ zum ›Objektiven‹. Auf der Objektseite, in der Welt also, gibt es seiner Ansicht nach keine Gegenstände, die repräsentiert werden könnten. Es gibt materielle Objekte und Ereignisse, aber ein wahrer Satz oder eine wahre Überzeugung behaupten nicht nur, daß es die Gegenstände gibt, von denen sie handeln, sondern vielmehr, daß diese in einem bestimmten Verhältnis zueinander stehen, auch Tatbestand oder Faktum genannt. Eine wahre Überzeugung wäre demnach eine, die ein Faktum repräsentiert. Diese Redeweise verdankt ihre vermeintliche Plausibilität nur dem trivialen Gedanken, daß die Wahrheit unserer Überzeugungen davon abhängt, wie die

Wirklichkeit beschaffen ist, so Davidson, eine solche Repräsentationsrelation aber kann es nicht geben. Denn es gibt keine Fakten. Es läßt sich seiner Ansicht nach zeigen, daß jeder Versuch, den Gedanken der Korrespondenz von Überzeugungen und Fakten genauer zu analysieren, dazu führt, daß wir sagen müssen, eine wahre Überzeugung stimme mit allen Fakten in der Welt überein, mit der Gesamtwirklichkeit also. Genausogut könnten wir gleich sagen, eine wahre Überzeugung sei eben wahr — darüber, was das bedeuten soll, erfahren wir jedoch nicht mehr als vorher.[5]

Entsprechend gibt es laut Davidson auf der Subjektseite nichts, was als Repräsentation aufzufassen wäre. Zwar gelten mentale Entitäten, insbesondere Sinneseindrücke, gemeinhin als subjektive Zustände par excellence: Sie sind direkt zugänglich, wir selber können uns nicht über sie täuschen, und sie konstituieren unsere Sicht der Welt, das heißt, sie sind die Erscheinungen der Welt für uns. Ihre Subjektivität sichert ihre Gewißheit für uns — wie die Welt an sich ist, mögen wir nicht wissen, sicher aber ist, wie sie uns erscheint. Doch diese traditionelle Vorstellung führt laut Davidson unausweichlich ins skeptische Dilemma — sind mentale Entitäten rein subjektiv, so führt eben kein Weg zu ihrer Überprüfung. Ihre vermeintliche ›innere‹ Sicherheit schneidet den Weg nach außen ab. Ein konsequenter Externalismus dagegen führt gar nicht erst in dieses Dilemma hinein. Denn propositionale Einstellungen werden unter Rekurs auf externe, intersubjektiv zugängliche Objekte in einer gemeinsamen Welt individuiert. Sie sind damit keineswegs rein subjektiv, sondern im Gegenteil selbst intersubjektiv zugänglich und öffentlich in dem Sinne, in dem Bedeutungen es sind. Die Relationalität von Überzeugungen ist damit laut Davidson epistemologisch irrelevant. Überzeugungen haben keine Objekte, zu denen sie privilegierten Zugang gewährten und die mit der Wirklichkeit übereinstimmen könnten. Vielmehr haben sie Ursachen. Das Prädikat ›x glaubt, daß p‹, traditionellerweise als relationales Prädikat mit Plätzen für eine Person und eine abstrakte Entität, der Proposition ›daß p‹, verstanden, spezifiziert zwar auch eine Relation, doch diese besteht zwischen dem Sprecher und *einer Äußerung des Interpreten*, die gemäß des *Principle of Charity* Ausdruck einer ursachengleichen Überzeugung ist. Wer Davidson hier folgt, braucht kein Skeptiker zu sein: »die Welt selbst bestimmt mehr oder weniger korrekt die Inhalte von Gedanken über die Welt« (1987: 445). Jede einzelne Überzeugung kann falsch sein, aber daraus folgt gerade nicht, daß alle gleichzeitig es sein könnten.

Externalismus sichert also im Davidsonschen Bild die Objektivität der gemeinsamen Welt, Externalismus sichert auch die Zugänglichkeit der propositionalen Einstellungen anderer (dies ist das traditionelle Problem des Fremdpsychischen), aber gleichzeitig scheint diese Position den privilegierten Zugang zu unseren eigenen mentalen Zuständen, die Autorität der Ersten Person Singular zu gefährden. Wir erhalten »ein transponiertes Bild des Cartesianischen Skeptizismus« (1987: 446). Wenn meine Überzeugungen von externen Gegenständen abhängen, dann kann ich selbst mich über sie täuschen. Heißt Externalismus also, daß ich, um Klarheit über meine eigenen mentalen Zustände zu gewinnen, externe Daten befragen und mein eigenes Verhalten interpretieren muß? Davidson bestreitet diese Konsequenz. Zwar sei es durchaus möglich, sich über seine eigenen Absichten, Wünsche und Überzeugungen zu täuschen, doch dies nur in Ausnahmefällen. Seiner Ansicht nach erlaubt gerade ein bedeutungstheoretischer Externalismus, die Asymmetrie zu erklären, die zwischen der Kenntnis fremder mentaler Zustände und der der eigenen besteht. Andere müssen wir interpretieren, aber es gehört zu den notwendigen Unterstellungen gelingender Interpretation, anzunehmen, der Sprecher selbst wüßte (in der Regel), was seine Worte bedeuten. Andernfalls wäre Interpretation sinnlos. Und auch aus der Perspektive des Handelnden selbst gelte, daß er nicht in der Position ist, »sich zu fragen, ob er generell seine Worte auf die richtigen Gegenstände und Ereignisse anwendet, denn worauf immer er sie regelmäßig anwendet, verleiht seinen Worten die Bedeutung, die sie haben« (1987: 456). Wissen wir aber, was die Worte bedeuten, die wir aufrichtig äußern, dann wissen wir auch, was wir glauben, wünschen und beabsichtigen.[6]

Seine sich aus dem Externalismus des Verstehens ergebende Epistemologie tauft Davidson ›neuer Antisubjektivismus‹, weil er den Dualismus von subjektiv und objektiv aufgibt. Dieser Dualismus von Dingen an sich und ihren mentalen Repräsentationen, mit seinen unausweichlichen skeptischen Folgen, scheint uns vor die Wahl zwischen Kohärenz- oder Korrespondenztheorien der Wahrheit zu stellen. Haben wir ihn verabschiedet, so wird laut Davidson auch die Scheinbarkeit dieses Entweder-Oder sichtbar. Weit davon entfernt, die einzigen Alternativen zu sein, erscheinen Kohärenz- bzw. Korrespondenztheorien als Konsequenzen eines bestimmten Bildes vom menschlichen Geist in der Welt, eines Bildes, dessen Revision Davidson dringend anrät. Wie wir sahen, führt ihn seine externalistische Revision zu einer Wahrheitsauffassung, die einen dritten Weg darstellt und mit der traditionellen Alternative von ›Kohärenz‹ versus ›Korrespondenz‹ nicht erfaßbar ist. Eine solche Konzeption kann meines Erachtens guten Gewissens von ihrem destruktiv klingenden ›Anti‹-Impetus befreit und ›intersubjektivistisch‹ genannt werden.

Mit dieser epistemologischen Revision verabschiedet Davidson sich endgültig vom Empirismus; in einem solchen Bild ist kein Platz mehr für das dritte und letzte ›Dogma des Empirismus‹: die Dichotomie von Begriffsschema und Inhalt.[7] Schon in »On the Very Idea of a Conceptual Scheme« (1974), einem der exoterischeren Artikel Davidsons, argumentiert er, diese Unterscheidung lasse sich nicht mit Sinn füllen: »Es wird uns gesagt, Begriffsschemata seien Arten, Erfahrung zu gliedern; sie seien Kategoriensysteme, die Sinnesdaten Gestalt verleihen; sie seien Standpunkte, von denen Individuen, Kulturen oder Zeitalter die ›passing show‹ überblicken« (1974: 183). Es ist dieser Gedanke einer Unterscheidung zwischen in der Erfahrung Gegebenem und begrifflicher Organisation desselben, von dem der Empirismus lebt. Der gemeinsame Impuls besteht dabei darin, die subjektiven Anteile unserer Erfahrung zu bestimmen, um zum Objektiven vorzudringen. So formuliert z. B. Quine: »Wir können unser begriffliches Zaumzeug nicht Satz für Satz abstreifen und eine Beschreibung der objektiven Welt übriglassen; aber wir können die Welt und den Menschen als Teil davon erforschen und so herausfinden, welche Anhaltspunkte er haben kann für das, was um ihn herum vorgeht. Wenn wir die Anhaltspunkte von seiner Weltsicht abziehen, erhalten wir den Netto-Beitrag des Menschen als Differenz.«[8]

Davidson argumentiert nun, unsere Methoden der Interpretation schlössen die Möglichkeit verschiedener Begriffsschemata prinzipiell aus. Um einander zu verstehen, müssen Sprecher eine gemeinsame Welt präsupponieren. Es gibt keinen Weg, verschiedene Schemata der Welt zu unterscheiden, sondern nur die *eine* Welt. Noch die Rede von einem einzigen Begriffsschema macht keinen Sinn, so Davidson, wenn wir nicht wissen können, was ein anderes Schema wäre. Und

»On the Very Idea of a Conceptual Scheme« schließt: »Indem wir den Dualismus von Schema und Welt aufgeben, geben wir nicht die Welt auf, sondern stellen die unmittelbare Berührung mit den bekannten Gegenständen wieder her, deren Kunststücke unsere Sätze und Meinungen wahr oder falsch machen« (1974: 198). Nimmt Davidson die kopernikanische Wende zurück? Fast klingt es so. Doch vergegenwärtigen wir uns Davidsons weitere wahrheitstheoretische Entwicklung, so scheint in einer intersubjektivistischen Auffassung zwar der Dualismus subjektiv-objektiv aufgegeben, aber nicht zugunsten eines unmittelbaren Kontakts des einzelnen mit den Dingen, sondern zugunsten eines ›Dreiecksverhältnisses‹ von Sprecher, Interpret und Welt. Zwei der Seiten dieses Dreiecks, bestehend aus Kausalhypothesen, sind epistemologisch irrelevant, das heißt, auch wenn wir die *eine* Welt präsupponieren müssen, kann sich niemand zur Rechtfertigung seiner Überzeugungen auf deren Kausalgenese berufen. Weit eher als eine anti-kopernikanische Spitze zu implizieren, scheint Davidsons Epistemologie mit dem transzendentalen Charakter der Sprache radikal ernst zu machen und Versuche, das Unhintergehbare doch zu hintergehen, als ›dogmatisch‹ zu entlarven. »Die Wahrheit einer Äußerung hängt nur von zwei Dingen ab: davon, was die Worte so, wie sie verwendet wurden, bedeuten, und davon, wie die Welt beschaffen ist« (1983: 309). Doch Sprachkompetenz und Welteinfluß sind so verwoben, daß es keine Möglichkeit gibt, beide Elemente voneinander zu sondern. Eine solche Position kann als *negativer Transzendentalismus* charakterisiert werden[9]. Sie hat keineswegs die Konsequenzen, die Rorty sich wünscht. Er möchte Davidsons Ablehnung des ›dritten Dogmas‹ als Argument gegen die Möglichkeit von Epistemologie verstehen. »Mit anderen Worten, Davidson scheint mir ein transzendentales Argument gefunden zu haben, das alles transzendentale Argumentieren beendet.«[10] Davidsons eigenes Argument ist transzendental in dem Sinne, daß es auf notwendige Bedingungen erfolgreicher Kommunikation rekurriert, das heißt auf die sprachphilosophisch transformierten Bedingungen der Möglichkeit von Erkenntnis. Solche Argumente aber sind auch weiterhin nicht ausgeschlossen, wo immer versucht wird zu bezweifeln, was schon vorausgesetzt werden muß, um den Zweifel überhaupt erst verständlich machen zu können. Und auch da, wo erneut das Dogma von Schema und Inhalt in Kraft gesetzt und eins vom anderen zu sondern versucht wird, kann ein negativer Transzendentalismus einschreiten. Davidson verengt also den kritischen Weg, doch er verläßt ihn nicht.

Fällt das Dogma von Schema und Inhalt, dann wird einem weiteren, in unserem Jahrhundert enorm einflußreichen Gedanken zumindest teilweise der Boden entzogen — der sprachtheoretisch interpretierten *Inkommensurabilitätsthese*. Von Kuhn 1962 in die Wissenschaftstheorie eingeführt, bezieht sich der Inkommensurabilitätsbegriff zunächst auf wissenschaftliche Theorien, die dann inkommensurabel sind, wenn die Prädikate und Gegenstände der einen nicht durch die der anderen erklärt bzw. beschrieben werden können. Kuhn spricht davon, daß zwei solche Theorien verschiedene Welten generieren.[11] Neu an dieser These ist die wissenschaftstheoretische Deutung; sprachtheoretisch verstanden, besagt die Inkommensurabilitätsthese, daß verschiedene Sprachen so verschieden mit der Welt umgehen, so verschiedene Ontologien implizieren können, daß sie in gewissem Sinne ›verschiedene Welten‹ konstituieren. Dieser Gedanke findet sich mehr oder weniger radikal schon bei Humboldt, erfährt einflußreiche Formulierung in der sogenannten ›Sapir-Whorf-These‹[12] und liegt jeder Art von konzeptuellem Relativismus zugrunde. Wer mit Quine und Davidson die Unterscheidung analytischer Sätze von synthetischen verwirft und Alltagssprache und wissenschaftliche Theorien als holistisches Ganzes konzipiert, für den fallen die wissenschaftstheoretische und die sprachtheoretische Lesart der Inkommensurabilitätsthese zusammen. Und Davidson lehnt beide gleichermaßen ab. Radikale Inkommensurabilität setzt die Dichotomie von Schema und Inhalt voraus und ist daher durch die grundlegenden Methoden des Verstehens in seiner Philosophie a priori ausgeschlossen. Das ist nur für denjenigen Kulturimperialismus, der verkennt, daß wir auch das Andersartige erst verstehen müssen, bevor wir es als solches anerkennen können. Zudem sollte der egalitäre Druck, den ein solches Argument auszuüben vermag, nicht überschätzt werden. Zwei Überlegungen dazu: Zum einen führt radikale Interpretation nicht notwendigerweise zu einheitlichen Ontologien für alle Sprecher, sondern nur dazu, daß die Gegenstände, von denen einer spricht, im Prinzip für seine Interpreten transparent sind. Betrachten wir noch einmal Quines berühmten okkasionellen Satz ›gavagai‹[13], der normalerweise mit ›Kaninchen!‹ bzw. ›Sieh da, ein Kaninchen!‹ übersetzt wird. Ramberg weist darauf hin, es könne sich herausstellen, daß die Sprecher ›gavagai‹ nur bei schönem Wetter äußern. Sprechergemeinschaften, die das Tierreich in ›Schönwetter-‹ und ›Regenwetter-Tiere‹ einteilen, erscheinen durchaus vorstellbar. »Der Unterschied zwischen dem Interpreten und den L-Sprechern besteht nicht in dem, was sie sehen und fühlen, sondern darin, wonach sie suchen und was sie für relevant halten dafür, daß etwas ein bestimmter Gegenstand ist.«[14] Mit etwas Phantasie lassen sich vielfältige andere Möglichkeiten vorstellen, ontologische Differenzen zuzulassen; sie müssen nur so an beobachtbare Äußerungsumstände gekoppelt sein, daß sie dem Interpreten zugänglich sind. Interessant wäre es, in diesem Zusammenhang zu untersuchen, ob auch ontologische Kategorien, also für Davidson materielle Gegenstände, Personen und Ereignisse, zwischen Sprechern variieren können. Es sieht so aus, als müßten zumindest diese invariant sein, damit eine unterschiedliche Sortierung der raumzeitlichen Vorkommnisse ihrer Individuen Sinn ergibt.

Zum anderen gilt Davidsons kategorische Absage an den konzeptuellen Relativismus nur auf der Ebene ganzer Sprachen, also der Ebene vollständiger W-Theorien, und ist eng mit seinem Holismus verbunden. Schon in den Überlegungen anläßlich der Malapropismen haben wir jedoch gesehen, daß vollständige W-Theorien eine nützliche, aber uneinholbare Idealisierung darstellen und die real existierende Interpretationspraxis nur einen moderaten Holismus zuläßt. Aus prinzipiellen Erwägungen kann es ›globale‹ Relativismen nicht geben, aber vor diesem kontrafaktischen Hintergrund, der die Möglichkeit allgemeiner Verständigung sichert, werden ›lokale‹ Relativismen überhaupt erst möglich.[15] Sowohl auf der Ebene einzelner Idiolekte als auch auf der verschiedener Diskursbereiche einer Sprache kann es vielfältige Weisen der Thematisierung und Betrachtung der unterstellten *einen* Welt geben. Weit davon entfernt, jegliche Verschiedenheiten einzuebnen, liefern Davidsons anti-relativistische Argumente einen Horizont präsupponierter allgemeiner Verständlichkeit, vor dessen Hintergrund unterschiedliche Perspektivierungen erst sichtbar werden können.

VI. Anomaler Monismus: Identitätstheorie von Geist und Materie

1. Anomaler Monismus

Die traditionelle Frage nach dem Verhältnis von Geist und Materie ist derzeit einmal mehr aktuell. Das Problem tritt nach dem *linguistic turn* in sprachtheoretischer Gestalt auf: In welchem Verhältnis stehen Diskurse über das Mentale und das Physische zueinander? Reden wir im Vokabular unserer Intentionen, Wünsche, Überzeugungen und Handlungen über dieselben Dinge wie die Physik? Wenn ja, bedeutet die unterstellte ontologische Einheit die Ersetzbarkeit des ›intentionalistischen Diskurses‹ durch den physikalischen? Fragen unseres Selbstverständnisses als frei handelnde und denkende Personen werden akut. Können wir unsere spezifische Humanität vor der Naturalisierung retten? Oder, wenn nicht, müssen wir vielmehr unser alltagserprobtes Wissen über Gedanken, Wünsche und Handlungen im Namen der Wissenschaft als mythischen Restbestand eliminieren?

Für Davidson (und viele andere) wird das traditionelle Problem so zur Frage nach dem Verhältnis mentaler und physikalischer Prädikate bzw. ihrer Gegenstände, den Ereignissen. Seine Position, Anomaler Monismus genannt, läßt sich auf die These bringen:

(AM) *Mentale Ereignistokens sind als einzelne je identisch mit physischen Ereignistokens, ohne daß jedoch mentale Ereignistypen nomologisch identisch wären mit Typen physischer Ereignisse.*

Dem Anomalen Monismus zufolge sind unsere intentionalistischen Begriffe »Teil einer common sense-Theorie zur Beschreibung, Interpretation und Erklärung menschlichen Verhaltens, die zwar etwas ›freestyle‹ ist, aber [...] unentbehrlich« (1987: 447).

Was genau sind mentale bzw. physische Ereignisse, was differenziert intentionalistischen und physikalischen Diskurs? Oben sahen wir, daß Davidson das Haben von Gründen als mentales Ereignis auffaßt, analog alle propositionalen Einstellungen. Eine viel genauere Antwort bekommen wir von ihm auch nicht; im wesentlichen werden wir auf den intuitiven Gebrauch dieser Unterscheidungen verwiesen. Ein mentales Ereignis zu sein, bedeutet, eine intentionale Beschreibung zu haben, also eine Beschreibung, die mindestens ein eine propositionale Einstellung ausdrückendes Verb essentiell enthält (vgl. 1970a: 211). Als differentia specifica des intentionalistischen Diskurses erscheint deshalb seine Opazität, das heißt die mit intentionalen Verben verbundene intensionale Bezugnahme auf Ereignisse (vgl. 1982c: 320). Physische Ereignisse sind demgegenüber solche, die physikalische Beschreibungen haben. Darüber, welche Beschreibungen physikalisch sind, verrät Davidson lange Zeit nichts Genaueres. So werden wir in »Mental Events« mit der Auskunft beschieden: »Es ist weniger wichtig, ein physikalisches Vokabular zu charakterisieren, denn beim Feststellen, ob eine Beschreibung mental oder physikalisch ist, verhält es sich sozusagen rezessiv im Verhältnis zum mentalen« (1970a: 211). Jede Beschreibung von Ereignissen in der Welt materieller Dinge, sei sie alltagssprachlich oder wissenschaftlich, scheint sich zu qualifizieren — nur intentionalistisch darf sie nicht sein. Eine solche Deutung paßt wohl auch am besten zu Davidsons Handlungstheorie; die dort als physisch in Anspruch genommenen Ereignisse sind sowohl mikrophysiologische (das Haben von Gründen) als auch makroskopische (Körperbewegungen). In »Representation and Interpretation« erfahren wir jedoch, ein physisches Ereignis sei »eines, das mittels des Vokabulars einer exakten Naturwissenschaft herausgegriffen — eindeutig beschrieben — werden kann« (1990a: 18). Es wird später darauf zurückzukommen sein, inwieweit diese Qualifizierung Probleme generiert. Generell aber ist für Davidson die Unterscheidung von mentalen und physischen Ereignissen keine ontologische; intentionalistischer wie physikalistischer Diskurs greifen ›ihre‹ Ereignisse aus ein und demselben Arsenal heraus, dem der beschreibungsunabhängigen Ereignisontologie. Und aus Davidsons Handlungstheorie wissen wir bereits, daß sie dabei seiner Ansicht nach zumindest manchmal dieselben Individuen erwischen. Der anomale Monist muß nun für zweierlei argumentieren: erstens für Identität, und zweitens für Anomalie. Davidson verfährt genau anders herum; er argumentiert zunächst für die Anomalie des Mentalen:

(A) *Es gibt keine strikten Gesetze, auf deren Grundlage mentale Ereignisse prognostiziert und erklärt werden können* (vgl. 1970a: 208).

Zwei Arten von Gesetzen zur Vorhersage und Erklärung mentaler Ereignisse scheinen denkbar: Gesetze, die im intentionalistischen Vokabular formuliert sind und mentale Ereignisse, das heißt das Haben propositionaler Einstellungen und Handlungen korrelieren (MM-Gesetze), oder Gesetze, die das intentionalistische mit einem davon verschiedenen Vokabular mischen, also mentale Ereignisse z. B. mit physischen verbinden (MX-Gesetze). MM-Gesetze kann es laut Davidson nicht geben; in diesem Kontext muß er daher nur gegen die Möglichkeit von MX-Gesetzen argumentieren.

Davidson will nun mit der Anomalismusthese nicht bestreiten, daß es gut funktionierende Generalisierungen zur Erklärung mentaler Ereignisse gibt. Nichts anderes sind ja für ihn Handlungserklärungen aus Gründen, sie schreiben dem Handelnden Kausaldispositionen zu, die im Normalfall ganz bestimmte Folgen haben, das heißt bestimmte Handlungen verursachen. Aber eben nur im Normalfall. Davidsons Punkt ist vielmehr, daß solche Generalisierungen prinzipiell nicht zu *strikten* Gesetzen entwickelt werden können. Wir erinnern uns: Strikte Gesetze sind wahre, allgemeine Sätze, die ausnahmslos gelten und präzise Voraussagen ermöglichen. Davidson argumentiert erstens, es könne außerhalb einer idealen Physik keine strikten Gesetze geben (vgl. 1987b: 45f.). Das heißt zweitens, daß eine MX-Generalisierung nur dann eine Chance hat, zu einem strikten Gesetz bzw. einem Spezialfall davon zu werden, wenn sich die Prädikate beider verwendeter Terminologien auf physikalische ›*reduzieren*‹, das heißt durch koextensive physikalische Prädikate ersetzen lassen. Selbst wenn wir unterstellen, daß diese Möglichkeit für die X-Komponente gilt, wir es also mit MP-Generalisierungen zu tun haben, *bleiben intentionale Prädikate prinzipiell irreduzibel.*

Für Davidson ist schon ausgemacht, daß im intentionalistischen wie im physikalistischen Diskurs über Ereignisse quantifiziert wird. Fraglich ist allein, in welchem Verhältnis deren diskursspezifische Beschreibungsweisen zueinander stehen. Drei Möglichkeiten pro Prädikatpaar sind denkbar: Typenidentität, Identität mindestens eines, aber weniger als aller *tokens* oder Disjunktivität der beschriebenen Ereignisse. Davidson muß zeigen, daß es keine nomologischen Typenidentitäten geben kann, denn das bedeutete, daß es für jedes intentionale Prädikat M, jeden Typ mentaler Ereignisse ein physikalisches Prädikat P (einfach oder komplex) gäbe, dessen Extension gesetzmäßig mit der von P übereinstimmt. Ein entsprechendes Gesetz wäre das für eine Reduktion erforderliche sogenannte ›Brückengesetz‹. Brückengesetze stellen eine eindeutige Verbindung zwischen Typen beiderseits einer Diskursgrenze her: jedes m ist ein p. Ob es solche Gesetze geben kann, ist laut Davidson keine empirische Frage, sondern kann a priori entschieden werden. Seine These: Die Individuationsverfahren des intentionalistischen und des physikalistischen Diskurses weisen eine prinzipielle Inkommensurabilität auf; zwischen den Extensionen ihrer Prädikate, egal wie komplex, können keine nomologischen Identitäten bestehen.

Davidson hat an zahlreichen Stellen für diese These und durchaus mit unterschiedlichen Akzentsetzungen argumentiert. Alle Varianten aber verweisen aufs *Principle of Charity*. Es ist das konstitutive Prinzip der Individuation mentaler Ereignisse im intentionalistischen Diskurs, und das heißt, mentale Ereignisse werden relational und nach normativen Prinzipien bestimmt. Genauso verfügt auf der anderen Seite der physikalistische Diskurs über spezifische konstitutive Prinzipien (vgl. 1970a: 220), z. B. solche, wie sie Längenmessungen zugrunde liegen. Sie bilden das konzeptuelle Gerüst, das es erlaubt, Objekte zueinander in Beziehung zu setzen und zu individuieren. Solche Prinzipien faßt Davidson als apriorische Bedingungen der Gegenstandsindividuation innerhalb eines Diskurses auf. Er folgert, daß intentionale Prädikate aufgrund der ihnen essentiell innewohnenden Normativität Ereignisse gemäß Prinzipien sortieren, die nicht in den physikalistischen Diskurs übersetzbar sind: »Diese Bedingungen haben in physikalischer Theorie kein Echo« (1974c: 231; vgl. auch 1973b: 259). Inkommensurabilität der Individuationsverfahren schließt nomologische und definitorische Reduktionen aus; die konstitutiven Prinzipien des physikalistischen Diskurses geben keinerlei Hinweis darauf, wie im intentionalistischen zwei *tokens* p_1 und p_2 desselben physikalischen Typs P sortiert werden (und vice versa). So sind zwar aus physikalistischer Perspektive die *tokens* intentionaler Prädikate zugänglich, aber ihre mentale Spezifik ist nicht erkennbar. Jeder Versuch, den intentionalistischen Diskurs zu ersetzen, käme damit für Davidson einem radikalen Themenwechsel gleich.

Wenden wir uns nun seinem Argument für Tokenidentität zu. Es gehört zu den überraschenden Wendungen Davidsonscher Philosophie, daß er gerade auf der Basis der Anomalismusthese für einen Monismus argumentieren kann. Monismus ergibt sich aus einer Kombination dieser These mit zwei weiteren Prämissen, die wir bereits aus der Handlungstheorie kennen. Es sind dies

— das *Prinzip kausaler Interaktion*:
(KI)   *Zumindest einige mentale Ereignisse interagieren kausal mit physischen Ereignissen* (vgl. 1970a: 208).

Die damit behauptete Kausaleffizienz mentaler Ereignisse hält Davidson für eine »unbestreitbare Tatsache« (1970a: 207). Und

— das *Prinzip des nomologischen Charakters der Kausalität*:
(NK)   *Ereignisse, die in Ursache-Folge Relation stehen, fallen unter strikte Gesetze* (vgl. 1970a: 208).

Das Argument funktioniert nun wie folgt: Angenommen, ein mentales Ereignis m verursacht ein physisches Ereignis p oder wird von einem solchen Ereignis verursacht (KI). Dann gibt es ein striktes Gesetz, das m und p unter einer ihrer Beschreibungen subsumiert (NK). Dieses Gesetz muß ein physikalisches Gesetz sein, da es weder ein MM-, noch ein MP-, noch ein MX- Gesetz sein kann (A). Gibt es ein physikalisches Gesetz, das m und p subsumiert, so muß m eine physikalische Beschreibung haben, ergo ist m ein physisches Ereignis (vgl. 1970a: 224). Davidson summiert: »Also ist jedes mentale Ereignis, das in Kausalrelation zu einem physischen Ereignis steht, ein physisches Ereignis« (ebenda).

Das Argument gilt im allgemeinen als schlüssig, doch im Anschluß an Haugeland möchte ich zumindest auf eine Schwierigkeit hinweisen.[1] Es ist nicht ohne weiteres klar, daß der Term ›Ereignis‹ in (NK) und (KI) bedeutungsgleich verwendet wird. Die von mentalen Ereignissen verursachten physischen Ereignisse sind die gewohnten makroskopischen Ereignisse alltäglicher Rede, die von den strikten Gesetzen einer idealen Physik beschriebenen Ereignisse hingegen finden auf der Mikroebene statt. Da Identitätsbeziehungen zwischen mikro- und makroskopischen physischen Ereignissen nicht trivial sind, ist Davidsons Argument nicht ohne ergänzende Prinzipien schlüssig, die eine eineindeutige Zuordnung ermöglichten. Diese Schwierigkeit wird auch durch Davidsons Explikation von ›physisch‹ nicht gelöst, diese erscheint vielmehr selbst äquivok. Insbesondere die Qualifizierung »mittels des Vokabulars irgendeiner Naturwissenschaft« (1990a: 18) setzt schon voraus, daß alltägliche Ereignisse in mikrophysikalischer Terminologie eindeutig beschreibbar sind.

Eine weitere Frage betrifft die Reichweite des Arguments. Gemäß (KI) gilt es für diejenigen mentalen Ereignisse, die mit physischen interagieren. Davidson läßt offen, ob es mentale Ereignisse geben kann, die außerhalb jeder kausalen Interaktion mit physischen Ereignissen stehen. Nimmt man aber sein Argument ernst, strikte Gesetze gebe es nur in geschlossenen Systemen, scheint er vielmehr folgern zu können, daß jegliches kausal agierende Ereignis ein physisches ist — unter einer seiner Beschreibungen muß jedes solche Ereignis unter ein striktes, das heißt (ideal)physikalisches Gesetz fallen. Ein nicht mit physischen Ereignissen interagierendes Ereignis wäre dementsprechend kausal impotent und schwerlich als solches identifizierbar. Wir können damit davon ausgehen, daß Davidson eine generelle Tokenidentitätsthese für mentale und physische Ereignisse vertritt.

So bleibt der Anomale Monismus einem ontologischen Monismus verpflichtet, ohne die Eigenständigkeit des intentionalistischen Diskurses opfern zu wollen. Seine Pointe klingt kantianisch: Solange wir uns als rationale Wesen konzipieren und interpretieren, können wir nicht auf intentionalistisches Vokabular und Erklärungen verzichten. Es ist, wie Kim einmal bemerkt, weniger die theoretische Vernunft, die uns darauf verpflichtet, als vielmehr die praktische.[2]

2. Supervenienz

Davidson ergänzt seinen Anomalen Monismus mit einem Prinzip der Supervenienz, um zu zeigen, daß es eine Variante des Anomalen Monismus gibt, »die ein plausibles Bild des Verhältnisses zwischen Mentalem und Physischem zeichnet« (1991: 5), das heißt ein Verhältnis, in dem das Mentale nicht zum bloßen Epiphänomen des Physischen wird. Die Tokenidentitätsthese scheint eine Asymmetrie zu beinhalten: Alle mentalen Ereignisse sind physische, aber nicht umgekehrt. Das entspricht unseren physikalistischen Intuitionen, Intuitionen also, daß das Physische in einem näher zu spezifizierenden Sinne grundlegend ist für alles andere, was es gibt in der Welt.³ Diese Asymmetrie charakterisiert Davidson mit Hilfe des aus der Moralphilosophie entlehnten Begriffs der Supervenienz. In »Mental Events« formuliert er das Prinzip zunächst für Ereignisse bzw. Gegenstände:

(S_1) *Es kann keine zwei Ereignisse geben, die in allen physischen Aspekten gleich sind, sich aber in einem mentalen Aspekt unterscheiden.*

Oder:

(S_2) *Ein Gegenstand kann sich nicht in einem mentalen Aspekt ändern, ohne sich zugleich in einem physischen Aspekt zu ändern* (vgl. 1970a: 214).

Abgesehen davon, daß prima facie unklar ist, ob diese beiden Formulierungen äquivalent sind, werfen sie eine Reihe von Problemen auf. Was z. B. bedeutet ›gleich in allen physischen Aspekten‹? Bei (S_2) müßten wir zumindest etwas über die relevante Gegenstandsgröße erfahren. So sind z. B. Überzeugungen laut Davidson *nicht supervenient in Relation zu neuronalen Zuständen,* und zwar deshalb nicht, weil sie teilweise im Rekurs auf ihre Objekte, das heißt externalistisch individuiert werden. Wir können uns das anhand eines Gedankenexperiments verdeutlichen, wie es Putnam vorführt, dem vielzitierten ›Twin Earth‹-Beispiel. Wir nehmen an, unsere Erde habe einen Zwilling, ›Twerde‹, und die beiden seien vollständig identisch bis auf den (den Bewohnern beider Welten unbekannten) Umstand, daß auf Twerde die Wasser genannte Flüssigkeit nicht die chemische Komposition H_2O hat, sondern XYZ.⁴ In beiden Welten gibt es eine Person namens Donald, bzw. Zwonald, deren physische Beschaffenheiten in dem Sinne identisch sind, in dem Klone es sind. Das einzige, was ihre jeweilige Überzeugung ›Dies ist Wasser‹ unterscheidet, ist die Tatsache, daß Donald mit ›Wasser‹ auf H_2O referiert, Zwonald aber auf XYZ. Als physische Ereignisse, also Gehirnzustände z. B., sind die beiden Überzeugungen identisch, so Putnams Pointe, aber nicht als mentale. Akzeptieren wir diesen Ausflug in die Science-fiction als angemessene Klärung der Rede von ›gleich in allen physischen Aspekten‹, so haben wir hier zwei Objekte, Donald und seinen Zwilling, die sich in verschiedenen mentalen Zuständen befinden, ohne daß ihr physischer Zustand verschieden wäre.[5]

Davidson sieht darin keinen Grund, die Identitätsthese zu verwerfen. Daß wir Überzeugungen externalistisch individuieren, heißt für ihn so wenig, daß sie nicht mit physischen Zuständen des Handelnden identisch sind, wie Sonnenbrand dadurch, daß ›Sonne‹ darin vorkommt, zu etwas anderem als einem Zustand der Haut wird (vgl. 1989a: 167; 1987: 449ff.). Statt dessen faßt Davidson das Prinzip der Supervenienz weiter: »das heißt nicht, daß mentale Zustände nicht supervenient in Relation zu physischen Zuständen sind, denn *irgendwo* muß es eine physische Differenz geben, wenn psychologische Zustände verschieden sind« (1989b: 12). In unserem Beispiel ist dies die Differenz in der jeweiligen Komposition der ›Wasser‹ genannten Flüssigkeiten. (S_2) muß also im Sinne ›weltweiter Supervenienz‹ gedeutet werden, wenn der Supervenienzgedanke nicht zu Widersprüchen führen soll.

Davidson liefert in der Folge eine genauere Explikation seines Supervenienzprinzips, in der klar zum Ausdruck kommt, daß er Supervenienz als Relation zwischen Prädikaten, genauer, einem Prädikat und einer Menge von Prädikaten derselben Sprache, konzipiert:

(S_3) *Ein Prädikat P ist supervenient in Relation zu einer Menge von Prädikaten S genau dann, wenn P keine Entitäten unterscheidet, die nicht auch durch S un-*

terschieden werden können (1991: 2; vgl. auch 1985d: 242).

Interessant sind für Davidson nun natürlich Fälle von Supervenienz, die zwar Tokenidentität, nicht aber Reduzierbarkeit implizieren. Er instruiert seine Leser, sich das Verhältnis mentaler zu physikalischen Prädikaten anhand des folgenden Beispiels zu verdeutlichen: »Angenommen, ich folge der Volksweisheit und versuche, einzuschlafen, indem ich Schäfchen zähle. Ab und zu schlüpft eine Ziege in die Reihe. In meinem schläfrigen Zustand stelle ich fest, daß ich mich nicht auf die klassifikatorischen Wörter ›Schaf‹ und ›Ziege‹ besinnen kann. Trotzdem habe ich keine Probleme, jedes Tier zu identifizieren: es gibt da Tier Nummer Eins, Tier Nummer Zwei usw. In meiner notwendigerweise finiten Liste kann ich die Klasse der Schafe und die der Ziegen angeben: die Schafe sind die Tiere 1,2,4,5,7,8 und 12; die Ziegen sind die Tiere 3,9,10 und 11. Aber diese Klassifikationen helfen nichts, wenn ich interessante Gesetze oder Hypothesen formulieren will, die über die beobachteten Fälle hinausgehen, z.B daß Ziegen Hörner haben. Ich kann jedes einzelne Schaf und jede einzelne Ziege mit meinem Tier-Numerierungssystem ›herausgreifen‹, aber aufgrund konzeptueller Armut kann ich nicht generell die Schafe von den Ziegen unterscheiden« (1990a: 18f.).

Zum Abschluß möchte ich aus der umfangreichen Diskussion, die der Anomale Monismus hervorgerufen hat, drei repräsentative Gesichtspunkte herausgreifen. Zum einen vertritt u.a. Jaegwon Kim, Davidsons Supervenienzprinzip widerspreche der Anomalismusthese.[6] Wenn jedes mentale *token* eines Typs M ein physikalisch eindeutig beschreibbares Ereignis ist, ist es dann nicht möglich, für M ein extensionsgleiches physikalisches Prädikat P zu bilden? Mindestens unter der Voraussetzung, daß die durch M bezeichnete Klasse von Ereignissen endlich ist, erscheint P schlicht durch Aufzählung konstruierbar. Laut Davidsons Inkommensurabilitätsargument müssen wir jedoch davon ausgehen, daß die aufgezählten physischen *tokens* schlimmstenfalls sämtlich zu je verschiedenen Typen gehören. In jedem Falle scheint es unmöglich, die Aufzählung als Gesetz anzusehen, da sie weder induktiv gewonnen werden noch Prognosen liefern kann (vgl. 1970a: 214; 1973b: 249).

Zu fragen wäre zudem, wie lang ein sinnvolles Prädikat sein darf. Aus diesem Grunde spricht Kim vorzugsweise von supervenienten Eigenschaften, gegen deren Aufzählung ad infinitum er keine prinzipiellen Einwände hat.[7] Für ihn spricht die sogenannte multiple physische Realisierbarkeit eines mentalen Ereignistyps M keineswegs gegen dessen Reduzierbarkeit; daß superveniente mentale Eigenschaften verschiedene ›subveniente Basen‹ haben können, schließt seiner Ansicht nach zwar globale Reduktionen aus, ›lokale Reduktionen‹ hingegen hält er für möglich.[8] Die heftige Kontroverse zwischen Kim und Davidson über diesen Punkt beruht im Grunde darauf, daß beide von verschiedenen Dingen reden. Davidsons Supervenienzprinzip für Prädikate kann nicht korrekt in ein Prinzip für Eigenschaften transponiert werden, denn Eigenschaften entsprechen Davidsonschen Typen. Eine Kimsche Formulierung wäre äquivalent zu: Ein mentaler Ereignistyp M ist supervenient in Relation zu den physischen Ereignistypen $P_1 \dots P_n$. Entspräche diese Aussage Davidsons Explikation, hätte Kim recht: Der Gedanke einer Liste, jetzt verstanden als finite Disjunktion subvenienter physikalischer Typen, implizierte die Existenz von Brückengesetzen. Daraus nämlich, daß ein Ereignistoken zu Typ P_i gehört, müßte notwendigerweise folgen, daß es Eigenschaft

M hat.[9] Völlig unabhängig davon, welche Auffassung wir sachlich für richtig halten, handelt es sich hier um Äpfel und Birnen: Da die vom Anomalen Monismus behauptete Identität nur zwischen einzelnen *tokens* besteht, sagt ein Einzelfall uns genausowenig über die Subvenienz eines physischen Typs P_i bezüglich einer Teilmenge des Typs M wie andersherum. In einer Aussage über Tokenidentität ›dieses m = dieses p‹ repräsentieren weder m noch p ihren Typ; Supervenienz im von (S_3) explizierten Sinne und Anomalismus erweisen sich so als konsistent.

Mit Davidsons Supervenienzprinzip verbindet sich eine zweite Befürchtung: wird nicht dadurch das Mentale kausal irrelevant? Fodor hat diese Furcht ›epiphobia‹ getauft — die Furcht vor dem Epiphänomenalismus.[10] Eine ganze Reihe von Autoren wirft dem Anomalen Monismus vor, eine implizit epiphänomenalistische Position zu sein, das heißt dem Mentalen die Kausaleffizienz zu nehmen.[11] Ich vermute, zumindest eine der Ursachen der gesamten Kontroverse sind unexplizierte ontologische Annahmen, insbesondere wiederum bezüglich des Status von Eigenschaften. Behalten wir diese Vermutung im Auge, so ergibt sich folgendes Bild: Aus Davidsons Sicht erscheint der Epiphänomenalismus-Vorwurf konfus. Er besteht auf der Beschreibungsabhängigkeit jeglicher Typisierung, gleich ob intentionalistisch oder physikalisch. Es sind die Ereignisse simpliciter, die in kausalen Relationen zueinander stehen. Aus dem Supervenienzprinzip folgt nun, daß, wo immer ein intentionales Prädikat P von einem (mentalen) Ereignis erfüllt wird, von einem zweiten mentalen Ereignis aber nicht, diese Differenz auch mit Hilfe physikalistischer Prädikate markiert werden kann. Damit fallen diese Ereignisse auch unter verschiedene Gesetze, das heißt, sie haben unterschiedliche Effekte. Verschiedene intentionalistische Beschreibungen markieren also einen kausal relevanten Unterschied. Darüber hinaus zu sagen, dieser Unterschied verdanke sich der letztlich physischen Natur der Ereignisse, hält Davidson aufgrund der von ihm behaupteten Beschreibungsunabhängigkeit kausaler Relationen für unsinnig.

Der Epiphänomenalismus-Vorwurf wird jedoch meist unter Rekurs auf Eigenschaften formuliert. Durch den Anomalen Monismus, so lautet das Argument, würden mentale Eigenschaften kausal ineffizient, denn Ereignisse stünden laut Anomalem Monismus *aufgrund ihrer physischen Eigenschaften* in kausalen Relationen, nicht aufgrund ihrer mentalen. Beliebtestes Beispiel für die Unterscheidung kausal effizienter Eigenschaften von ineffizienten ist der laute, tödliche Schuß. In bezug auf seine Tödlichkeit erscheint es irrelevant, ob der Schuß laut ist oder der Killer einen Schalldämpfer verwendet (vgl. 1991: 14, Anm. 23). Seine Plausibilität verdankt dieses Argument einer impliziten Bereitschaft, Eigenschaften ontologisch zuzulassen und Kausalität als abstrakte Relation zwischen Klassen aufzufassen. Wer hingegen mit Davidson keine abstrakten Entitäten zuläßt und auf Extensionalität der Kausalrelation insistiert, wird kontern: »Wäre das Gewehr mit einem Schalldämpfer ausgerüstet gewesen, hätte ein leiser Schuß zweifellos einen Tod herbeigeführt, wenn er so gezielt gewesen wäre wie der tödliche und auch sonst hinreichend ähnlich. Aber es wäre weder derselbe Schuß wie der tödliche gewesen, noch hätte der verursachte Tod derselbe Tod sein können« (1991: 15).

Einen Hinweis in diesem Kontext liefert die folgende Überlegung. Handlungserklärungen sind laut Davidson kausale Erklärungen. Auf der Basis der voranstehenden Erläuterungen heißt das aber nichts anderes, als daß es intentionale

Erklärungen und singuläre Kausalaussagen sind, jedoch *keine* Kausalerklärungen in dem Sinne, daß sie uns die Beschreibung der Ursache lieferten, die sie unter ein Gesetz subsumiert. Anders formuliert: Wir erfahren nicht, *warum* ein mentales Ereignis einen bestimmten kausalen Effekt hat. Dazu müßten wir den nomologisch relevanten Typ kennen. Ist nicht aber just dies die Information, die wir von einer kausalen Erklärung erwarten? Richtet sich unser Interesse an Kausalrelationen nicht generell auf *Erklärungen*, also sprachliche Relationen?

Und müssen wir nicht auch Zweifel anmelden gerade hinsichtlich der angeblichen ›Extensionalität‹ der Kausalrelation? Generiert nicht alle Bedeutung, die dieser Redeweise über die Substituierbarkeit koreferentieller Terme in singulären Kausalaussagen hinaus zugeschrieben werden mag, Spannungen in einem Humeschen Kausalkonzept? Spätestens hier müssen wir auch fragen, ob wir nicht in *zu direkten Kontakt mit den Dingen* geraten; von Ereignissen simpliciter und extensionalen Relationen ›in der Welt‹ zu sprechen, erscheint als gefährliche Abweichung vom kritischen Weg — zumal, wenn ein unabhängiges Argument fehlt, das mentale Entitäten als Ereignisse auswiese.

So richtet sich eine dritte Linie der Kritik am Anomalen Monismus gegen die ontologischen Voraussetzungen der Tokenidentitätsthese. Wir haben oben gesehen, daß der Begriff des Ereignisses Mehrdeutigkeiten zuläßt. So können physische Ereignisse auf makroskopischer Ebene, wie es die Ereignisse sind, über die wir alltags reden, von physischen Ereignissen der Mikroebene unterschieden werden, wie beispielsweise die Elementarteilchenphysik sie beschreibt. Schon für physische Ereignisse stellt sich die grundlegende Frage, was Tokenidentität hier bedeuten kann. Sind die Ereignisse der verschiedenen mikrowissenschaftlichen Theoriesprachen identisch? Und sind Mikroereignisse identisch mit alltäglichen Ereignissen? Haugeland liefert ein starkes Argument dafür, daß mindestens die letzte Frage zu verneinen ist und daß Analoges für die in unserem Zusammenhang entscheidende Frage gilt, ob Davidsons Identifikation mentaler Entitäten mit (mikro-)physikalischen Ereignissen verteidigt werden kann.[12] Sein Beispiel sind Wellenbewegungen im Wasser. Es erscheint aussichtslos, ein bestimmtes, in der Terminologie physischer Mikroereignisse als Wellenbewegung charakterisierbares Ereignis, mit einer bestimmten Menge von Molekülbewegungen im Wasser identifizieren zu wollen. Heißt das nicht aber: Was ein einzelnes *token* ist, hängt ab davon, wie es beschrieben wird? Erscheint es nicht plausibler, anzunehmen, verschiedene Diskurse sortierten nicht nur unterschiedlich, sondern konstituierten auch unterschiedliche Individuen? Die Welt, so Haugelands Fazit, ist uns genausowenig in Form vorgefertigter Individuen gegeben, wie diese schon unabhängig von unseren Mitteln der Beschreibung kategorisiert sind.[13]

Auf mentale Entitäten übertragen, haben diese Überlegungen fatale Folgen für die Tokenidentitätsthese, denn Davidson verfügt über kein unabhängiges Argument für ihre Identifikation mit Ereignissen. Selbst wenn sich der Supervenienz-Gedanke von dieser These lösen ließe, bliebe die eminente Frage der Kausaleffizienz mentaler Entitäten offen. Die letzten beiden Punkte deuten so in eine gemeinsame Richtung: Die Idee einer Unterscheidung von Ereignistoken und Beschreibung und ihre Konsequenz, Davidsons beschreibungsunabhängige Ereignisontologie generieren Spannungen in einer Interpretationsphilosophie, die auf der anderen Seite einen negativen Transzendentalismus impliziert.[14]

Im Verlauf der letzen fünf Kapitel haben wir die systematische Entwicklung der Davidsonschen Hermeneutik intelligenten Verhaltens verfolgt und einen umfassenden Begriff der Interpretation entwickelt. Ausgehend von der These, daß Bedeutungen und propositionale Einstellungen gleichermaßen öffentlich zugänglich sind, argumentiert Davidson dafür, daß wir die Worte eines Sprechers nur dann interpretieren können, wenn wir Interpretation als ›ganzheitliches‹ Unterfangen begreifen, wenn wir auch nonverbale Handlungen als bedeutungsvoll in einem weiten Sinne ansehen und ins Projekt des Verstehens einbeziehen. Was Verstehen essentiell ist und welches die notwendigen Voraussetzungen alltäglicher Interpretation, erfahren wir, so Davidson, wenn wir uns einen Interpreten vorstellen, dem nur das Allernotwendigste, nur die öffentlich zugänglichen Minimaldaten zur Verfügung stehen: den Radikalinterpreten. Das Gedankenexperiment der radikalen Interpretation korrigiert seiner Ansicht nach unser philosophisches Bild von Sprache und Kommunikation grundlegend; Kommunikation ist im Davidsonschen Bild radikal unkonventionell. Auf der anderen Seite erscheint in radikaler Interpretation unsere Stellung in der Welt weniger dem Skeptizismus preisgegeben als gefürchtet; die Methode des Radikalinterpreten erweist Prinzipien der Wahrheits- und Konsistenzunterstellung als konstitutiv für unsere Existenz als handelnde Personen. Verstehen wäre unmöglich, wären wir nicht in einem minimalistischen Sinne vernünftig und wäre die Welt um uns herum nicht intersubjektiv zugänglich. Dasselbe *Principle of Charity*, das so entscheidende Konsequenzen für die Wahrheitstheorie hat, verhindert die Naturalisierung unseres Selbstverständnisses als handelnde Personen, verhindert die Reformulierung unserer alltäglichen Handlungsinterpretationen und -erklärungen als Naturgesetze einer den exakten Naturwissenschaften assimilierten Psychologie, obwohl Davidson diese Handlungserklärungen als genuin kausale Erklärungen liest. Zugleich versucht der Davidsonsche Monismus, uns mit Hilfe einer mit interpretationstheoretischen Argumenten untermauerten Ereignisontologie eine einheitliche Ontologie zu erhalten. So ist der Anomale Monismus eine Version der Identitätstheorie von Geist und Materie, die sich auf die essentielle Normativität des intentionalistischen Diskurses beruft, um dennoch die Unersetzlichkeit unserer Selbstinterpretation in den Begriffen Überzeugung, Wunsch, Intention und Bedeutung zu demonstrieren. Kompromißlos an den radikalen Ausgangsbedingungen seines Projekts festhaltend, kommt Davidson zu einer Vielzahl unkonventioneller und hochkontroverser Thesen auf nahezu allen Gebieten theoretischer Philosophie. Doch wir haben auch gesehen, daß eine Reihe von Fragen offen bleibt. Abgesehen von internen Schwierigkeiten, die einzelne Thesen bereiten mögen, scheint insbesondere die Idee einer beschreibungsunabhängigen Token-Ontologie, auf die Davidson seine Handlungstheorie und seinen Anomalen Monismus gründet, in einem vereinigten hermeneutischen Projekt Spannungen zu generieren. Und längst nicht alle Konsequenzen des Davidsonschen Bildes konnten im Rahmen dieser Einführung zur Sprache kommen. Dennoch hoffe ich, die grundlegendsten Zusammenhänge und die wichtigsten Routen in diesem labyrinthischen Theoriegebäude aufgezeichnet zu haben, so daß der Leser nun selbst auf Erkundungsreise gehen kann.

Bezüge und Übergänge —
Ein Interview mit Donald Davidson

Donald Davidson hielt im Mai und Juni 1993 die Kant-Vorlesungen der Ludwig-Maximilians-Universität München. Dort führte ich am 19. Mai das folgende Gespräch mit ihm.

Professor Davidson, Sie sind eine der dominanten Figuren der analytischen Philosophie, Ihre Artikel und Aufsätze werden weltweit gelesen und die Zeiten, in denen nur wenige amerikanische Spezialisten Ihre Arbeiten kannten, sind lange vorüber. Heute ist es daher nicht nötig, Sie zu bitten, Ihre Philosophie »in zehn Sätzen, die jeder verstehen kann«, vorzustellen. Vielmehr möchte ich Ihren Lesern die Chance geben, einen Eindruck von der Person hinter der Philosophie zu gewinnen und einen etwas genaueren Blick auf die derzeitigen philosophischen Einstellungen dieser Person zu werfen. Lassen Sie mich mit einigen ›historischen‹ Fragen beginnen: Welches waren die ersten philosophischen Probleme, die Sie interessiert haben? Letztlich sind Sie besonders als Erfinder des Anomalen Monismus bekannt geworden — waren Sie immer schon so etwas wie ein Physikalist?

In einem vagen Sinne war ich immer schon an philosophischen Argumenten und Problemen interessiert, aber ich glaube etwa so, wie das viele Heranwachsende sind. Ich kann mich erinnern, endlos mit Leuten diskutiert zu haben, doch die Positionen, die ich bezog, waren nicht besonders interessant. Ich weiß gar nicht, ob ich einmal einer gewesen bin, aber jetzt bin ich ganz sicher nicht, was die Leute normalerweise einen Physikalisten nennen. Der Anomale Monismus ist weder eine Form von Physikalismus noch von

Materialismus, denn er bestreitet, daß die Physik erschöpft, was es über die Welt zu sagen gibt. Mein Monismus ist ontologisch: Er behauptet, daß mentale Ereignisse und Gegenstände auch als physische beschreibbar sind. Aber unsere mentalistischen Begriffe sind in keiner Weise zweitklassig oder eliminierbar.

Wie haben sich diese Interessen entwickelt?

Ich bin ziemlich spät auf den Anomalen Monismus gestoßen. Ich merkte, daß ich sowohl vom Determinismus als auch von der Irreduzibilität des Mentalen überzeugt war, und ich sah keinen Weg, dies zusammenzubringen, bis ich aus davon ziemlich unabhängigen Gründen beschloß, wir müßten eine Ereignisontologie haben. Die Implikationen der Existenz partikularer Ereignisse führten mich dazu, über Kausalität und Anomalen Monismus nachzudenken. Das war eine lange Geschichte, wo viele verschiedene Dinge zusammenkamen.

Wenn Sie zurückdenken, haben Sie das Gefühl, Sie hätten etwas anderes als ein Philosoph werden können?

Nun, wenn Sie damit meinen: Habe ich ernstlich erwogen, etwas anderes zu machen, dann lautet die Antwort: Ja, das habe ich in der Tat. Ich habe mich nicht entschieden, Philosoph zu werden, bevor ich in der *graduate school* war. Als *undergraduate* habe ich mich erst auf Englische Literatur, dann auf Vergleichende Literaturwissenschaft, Ideengeschichte und Gräzistik konzentriert, was griechische Philosophie einschloß, aber eben nur einschloß. Es gab mehrere Dinge, über die ich nachdachte. Als ich mit dem College fertig war, bin ich übrigens nach Hollywood gegangen und habe Radiotexte geschrieben.

Aber Sie haben nicht erwogen, Schauspieler zu werden?

Doch, habe ich. Ich habe in der *highschool* viel Theater gespielt, und im letzten College-Jahr hatte ich die Hauptrolle in einer Aufführung von Aristophanes' *Vögeln*. Das haben wir sogar auf Griechisch aufgeführt. Die Musik dazu schrieb Leonard Bernstein, es war die erste öffentlich aufgeführte Musik, die er geschrieben hat. Teile davon wurden letztendlich in seinem Ballett *Fancy Free* veröffentlicht. Bernstein und ich genossen das, was wir taten, so sehr, daß wir etwas später eine moderne Operette inszeniert haben: *The Cradle Will Rock* von Marc Blitzstein. An diesem Punkt wurde mir eine Rolle in einer Broadway-Produktion angeboten, aber aus dem einen oder anderen Grunde habe ich sie nicht angenommen — was auch gut war; die Sache war ein furchtbarer Flop. Aber ich habe erwogen, Schauspieler zu werden.

Sie sind also mit Bernstein aufs College gegangen?

Ja, er war in meiner Klasse. Wir haben zusammen vierhändige Musik gespielt.

Würden Sie noch einmal Philosoph werden?

Nun, das kommt darauf an. Wenn Sie meinen, wo ich schon ein Leben als Philosoph gehabt habe, würde ich das noch einmal machen? Nein, ich würde etwas anderes probieren! Eine Sache, die mich sehr anspricht, ist Architektur, und ich würde sicherlich erwägen, Architekt zu werden. Sonst, glaube ich, irgendeine Art wissenschaftlicher Arbeit. Das sind Dinge, von denen ich denke, ich hätte darin besser sein können ...

Sie sind ein analytischer Philosoph. Die analytische Philosophie hat eine lange Tradition, die bis zurück zu Platon reicht, wie Sie einmal anmerkten. Es wird nun oft gesagt, analytisch denotiere mehr einen Stil des Philosophierens als einen bestimmten Problemkanon. Was sind für Sie die wichtigsten vereinheitlichenden Elemente dieser Tradition?

Ich sehe die analytische Tradition nicht um eine Menge von Problemen herum aufgebaut, sondern eher als von einer Einstellung oder Methodologie geprägt, mit deren Hilfe man versucht, gute Argumente zu liefern. Und zumindest von meinem Standpunkt aus, und ich denke, dies ist charakteristisch für eine ganze Menge von dem, was ich analytische Philosophie nennen würde, steht fast immer ein Problem am Anfang, das in nicht-philosophischer Terminologie formuliert werden kann, ein Problem, von dem man jeden überzeugen kann, daß es eins ist. Ich sehe Sokrates als einen großartigen analytischen Philosophen: Er fängt immer mit einem Problem an, und er versucht, es in einer Weise zu verfolgen, die jeder verstehen kann. Er versucht, sehr, sehr klar dabei zu sein.

Dann ist da vielleicht eine gewisse Hingabe an die Vorstellung, die Dinge richtig, oder zumindest, sie nicht falsch zu verstehen, was Philosophie nicht immer eigen ist. Tatsächlich zielt sogar manches in der Philosophie, das ich bewundere, nicht so sehr darauf ab, die Dinge klarzustellen, als vielmehr etwas Scharfsinniges, Enthüllendes, Tiefes usw. zu sagen. Und obwohl das nicht wirklich meinen eigenen Vorstellungen entspricht, kritisiere ich die Leute, die das tun, nicht, das heißt nicht notwendigerweise; es kommt darauf an, ob sie ihre Sache gut machen oder nicht.

Was ist mit Klarheit, Klarheit des Geschriebenen?

Klarheit ist extrem wichtig in der analytischen Tradition. Offen gegenüber Fragen und Kritik zu sein, ist einer ihrer Aspekte, denn wenn Sie nicht eindeutig sind, dann wird jemand darauf aufmerksam machen. Und wenn Sie ein analytischer Philosoph sind, dann ist Ihnen das wichtig. Sie sagen nicht: »Passen Sie auf, ich habe da diese tiefschürfende Idee, also stellen Sie keine oberflächlichen Fragen.«

Häufig wird auch gesagt, die derzeit verbleibende Signifikanz dieser Bezeichnungen sei lediglich geographisch. Sie gäben nur an, aus welchem Sprachraum der jeweilige Philosoph komme, was eine saubere Einteilung in kontinentale und analytische Philosophen ergäbe. Meinen Sie, diese Unterscheidung erfaßt etwas Wichtiges?

Sicherlich. Es gibt einen ziemlich frappierenden Unterschied zwischen der Art und Weise, in der die meisten Leute in Frankreich, Italien und Deutschland Philosophie betreiben, und der, in der einige Leute an bestimmten Universitäten in den Vereinigten Staaten dies tun. Ich möchte nicht sagen, daß so etwas wie analytische Philosophie die amerikanische Philosophie dominiere. Vielleicht dominiert sie sie in bezug auf Kontrolle über die Zeitschriften und vielleicht an den Universitäten, die als die prestigeträchtigsten gelten, aber ich glaube, wenn man die Gesamtheit der ungefähr 20 000 Philosophen in den Vereinigten Staaten betrachtet, dann wird sich zeigen, daß die meisten keine analytischen Philosophen sind. Wahrscheinlich folgen mehr von ihnen

Habermas, Gadamer, Heidegger oder Sartre als Quine, Frege oder Wittgenstein.

Gab es Einflüsse kontinentaler Philosophen auf Ihr Denken, vielleicht durch Gadamer oder Habermas?

Die Sache ist die: Wenn Sie das nehmen, was man als kontinentale Tradition nach Hegel betrachten könnte, dann würde ich sagen, das hatte so gut wie keinen direkten Einfluß auf mich, denn davon habe ich kaum etwas gelesen. In den letzten Jahren habe ich versucht, etwas Hegel, etwas Heidegger und auch Kommentare dazu zu lesen. Bis vor ein paar Monaten, als ich einen Artikel über ihn geschrieben habe, hatte ich auch nichts von Gadamer gelesen (mit einer Ausnahme). Ich wußte aber dies: daß Gadamer und ich beide unsere Dissertation über Platons *Philebus* geschrieben haben. Und ich hatte seine Dissertation tatsächlich gelesen, jedenfalls zum Teil, als ich meine eigene schrieb. Unsere beiden Dissertationen sind übrigens vor kurzem mit höchstens einem Jahr Abstand auf englisch erschienen. Also, ich habe sie diesmal sehr sorgfältig gelesen und auch einen großen Teil von *Wahrheit und Methode*. Ich bewundere sein Werk auf jeden Fall und ich sehe ziemlich offensichtliche Ähnlichkeiten. Von Habermas, muß ich leider sagen, habe ich nichts gelesen. Jeglicher Einfluß, den also die kontinentale Philosophie nach Kant ...

Ja, das wäre die nächste Frage gewesen.

Nun, ich bin auf jeden Fall sowohl direkt als auch indirekt von Kant beeinflußt worden, indirekt vielleicht auch von Hegel. Aber in Kants Fall weiß ich, wie die Einflußlinie verlief. Einige schon lange verstorbene amerikanische Philosophen haben in Deutschland studiert, John Dewey z. B. Er kannte Kants Werk, und dann hat C.I. Lewis, der außerdem ein analytischer Philosoph war, Dewey intensiv studiert und ein Leben lang Kant gelehrt. Ich habe bei Lewis studiert, und er hat mich auf jeden Fall beeinflußt, aber mehr noch hatte er einen enormen Einfluß auf Quine. Wirklich, sobald man das so betrachtet, erkennt man enorme Ähnlichkeiten zwischen Quines Epistemologie und der von Lewis. Da ist ein handfestes Element, das auf Kant zurückgeht. Also, dieser Einfluß ist über eine Reihe von Stufen weitergegeben worden, aber er ist wirklich vorhanden.

Richard Rorty hat den Tod der Philosohie verkündet, den Tod der »Philosophie mit großem P«. Philosophie mit großem P zu betreiben, heißt, so Rorty in der Einleitung zu Consequences of Pragmatism, *»Platons und Kants Führung zu folgen und Fragen über die Natur bestimmter normativer Begriffe (z. B. Wahrheit, Rationalität, das Gute) in der Hoffnung zu stellen, solche Normen besser zu befolgen.« Anstelle der Sehnsucht nach dem Ideal, der Suche nach dem, was nicht zu haben ist, empfiehlt er seine Spezialversion des Pragmatismus. Er zeigt eine gewisse Tendenz, Sie unter seine Pragmatiker zu zählen, und in ähnlicher Manier sind Sie manchmal ein post-analytischer Philosoph genannt worden. Was halten Sie davon?*

Eines der Hauptthemen Rortys ist, daß er analytische Philosophie, und das ist wahrscheinlich nur eine terminologische Frage, als Epistemologie nach Descartes betrachtet, als Versuch, dem Skeptizismus zu begegnen. Ich denke, es ist etwas dran an der Idee, daß dieses bestimmte Projekt so ziemlich tot ist, oder zumindest ist es derart transformiert worden, daß man es wirklich nicht mehr wiedererkennen kann. Die Idee jedoch, Fragen über die Natur normativer Begriffe zu stellen, scheint mir überhaupt nicht tot zu sein. Einige Leute mögen die Hoffnung aufgegeben haben, besser zu handeln oder die Gesellschaft dadurch zu beeinflussen, aber ich habe nie gedacht, daß Philosophie die Gesellschaft allzusehr beeinflussen würde, also brauchte ich das nicht aufzugeben.

Bin ich ein post-analytischer Philosoph? Nun, ich weiß einfach nicht genau, was ein post-analytischer Philosoph ist. Wenn das jemand ist, der den Versuch aufgegeben hat, das Problem des Skeptizismus in der Weise zu lösen, wie das Empiristen, Idealisten und so weiter versuchten – das habe ich sicherlich aufgegeben. Aber ich glaube nicht, daß das alles ist, was Rorty meint. Es mag da wirklich eine ganze Reihe von Problemen geben, von denen ich nicht denke, daß man sie wirklich sinnvoll formulieren kann, obwohl ich denke, daß man einiges tun kann, was damit in Verbindung steht. Also, vielleicht verdiene ich den Titel, ich weiß nicht ...

Könnten Sie ein Beispiel für ein solches Problem geben?

Zu versuchen, eine einfache, aber normative Erklärung des Begriffs der Wahrheit zu geben, wäre etwas, das ich schlicht für einen Fehler halte. Dazu würde ich die pragmatische Wahrheitstheorie zählen, die Rorty selbst eine Weile vertreten hat, und natürlich Korrespondenztheorien, Kohärenztheorien – sie alle fallen unter meine Beschreibung, und ich denke, sie sind alle ziemlich offensichtlich falsch. Als ich Rorty darauf hinwies, daß es schlecht mit seinem eigenen Ideal von Philosophie vereinbar ist, so etwas wie eine pragmatische Wahrheitsdefinition zu akzeptieren, sagte er: »Das stimmt«, und hat sie aufgegeben. Die pragmatische Wahrheitstheorie gehört nicht mehr zu seinem Pragmatismus, eher hält er die Wahrheitstheorie jetzt für ein abgetanes Thema. Ich verwerfe das Thema nicht, in dieser Hinsicht sind Rorty und ich sehr verschieden. Ich gebe es nicht auf, zu versuchen, etwas Interessantes über den Begriff der Wahrheit, der Überzeugung, der Handlung oder eines dieser Dinge zu sagen. Wohingegen er sagt: »Nein, laßt uns aufhören, zu argumentieren, laßt uns so etwas wie eine nette Diskussion haben und Philosophie als eine sehr elegante Form von Belles Lettres betrachten.« Ich habe dagegen keine Einwände, aber meine eigene Vorgehensweise läßt sich so nicht charakterisieren.

Ein weiterer Name, der immer öfter in Kombination mit Ihrem zu hören ist, ist Wittgenstein. Könnten Sie Ihre Beziehung zu Wittgenstein näher erläutern? Halten Sie viel von seinem Werk?

Natürlich halte ich sehr viel von Wittgenstein, wie könnte man nicht? Er war einer der großen Philosophen. Alle Gegenwartsphilosophen, die ich respektiere, sind auf die eine oder andere Weise von ihm beeinflußt worden.

Viele Leute haben das Gefühl, daß Sie vieles rigoroser formuliert haben, was auch Wittgenstein in weniger systematischer Form dachte.

So sehe ich das nicht, denn ich weiß nicht, was Wittgenstein dachte. Ich habe jedoch Wittgenstein seit der Zeit gelesen, als er auf Englisch vorlag, und ich glaube, ich finde einige Ähnlichkeiten. Z.B. kommt einiges, was ich gesagt habe, dem sehr nahe, was er in *Über Gewißheit* sagt. Dann die Wichtigkeit, die ich der Frage beimesse: Wie erklären wir die Tatsache, daß wir einen Begriff von Objektivität haben, von dem Unterschied zwischen dem, wovon wir überzeugt sind, und dem, wie die Dinge sind? Ich denke, dieses Problem, das mich mehr und mehr beschäftigt, ist eng verwandt mit Wittgensteins Diskussion des Befolgens von Regeln, auch wenn ich es nicht mit Hilfe des Regel-Begriffs formuliert hätte. Und auch die Richtung, in der er eine Lösung sucht, halte ich für die richtige: Er sieht den Ursprung in interpersonalen Beziehungen, und das tue ich auch.

Ich bin jedoch durch Gedankengänge zu meiner Ansicht gelangt, die sich, soweit ich weiß, sehr von allen bei Wittgenstein unterscheiden. Es ist also nicht so, daß ich Wittgensteins Führung gefolgt wäre, sondern ich bin einfach an ungefähr demselben Ort angekommen. Genau wie ich beim Anomalen Monismus an eine Position gelangte, die nicht allzu verschieden von der Spinozas ist. Es bringt Spaß, herauszufinden, daß man mit jemand Besserem einer Meinung ist.

Aber dann, beim Regel-Begriff, wie lesen Sie Wittgenstein da? Sie interpretieren seine Lösung doch sicher nicht so, daß sie auf gemeinschaftliche Praktiken rekurriert, oder?

Lassen Sie mich das generell formulieren: Wir sehen beide in sozialer Interaktion den Ursprung des Begriffs der Objektivität. Sozial – nun, das sagt nicht, ob es sich dabei um die Gemeinschaft handelt oder einfach um jedwede Anzahl von Individuen, und es sagt überhaupt nichts über Praktiken.

Eine weitere Parallele zwischen Ihren Ansichten über Bedeutung und denen des späten Wittgenstein könnte in folgendem bestehen: Seit »A Nice Derangement of Epitaphs« (1986) sind Sie mehr und mehr an der Beziehung zwischen Bedeutung und Intention interessiert, wie es auch der Wittgenstein der letzten Paragraphen der Philosophischen Untersuchungen *war. Bevor wir jedoch zu den Intentionen kommen, lassen Sie mich eine ganz grundlegende Frage stellen: Warum denken Sie, daß von all den Ansätzen in der Bedeutungstheorie wir mit radikaler Interpretation starten sollten, das heißt unter der Voraussetzung, daß wir so gut wie gar nichts über den anderen, den zu Interpretierenden wissen?*

Ich betone radikale Interpretation aus rein theoretischen und methodologischen Gründen. Nur, wenn wir den Standpunkt des radikalen Interpreten einnehmen, können wir hoffen, die Frage zu beantworten: Wodurch ist es gerechtfertigt zu denken, ein Sprecher oder Akteur meine das eine oder andere oder habe die eine oder andere Überzeugung? Wie kommt es, daß wir in der Position sind, zu wissen, was jemand meint? Oder wovon er überzeugt ist? Wir suchen eine sehr fundamentale Antwort, und es wird keine fundamentale Antwort sein, wenn wir annehmen, daß wir schon vieles von derselben Art wissen. In radikaler Interpretation ist es einfach so, daß wir eine Antwort bekommen werden, die an die Basis unserer Fähigkeit, andere zu verstehen, gelangt.

Meinen Sie, man könnte das mit Kant formulieren und sagen, daß wir in dieser Situation die Bedingungen der Möglichkeit des Verstehens herausfinden können?

Ja, absolut.

Was ist mit der Beziehung zwischen radikaler Interpretation und dem Öffentlichkeitsgedanken?

Ein Individuum kann überhaupt keine Gedanken haben, keinerlei propositionale Einstellungen, wenn es nicht mit mindestens einer anderen Person kommuniziert, und Kommunikation erfordert, daß die beiden von einer gemeinsamen Welt Gebrauch machen. Um herauszufinden, was jemand anderes meint, müssen wir u.a. wissen, wie er auf die Dinge reagiert, auf die wir selbst auch reagieren. Sagen wir also: Radikale Interpretation ist essentiell fürs Denken — und das Denken ist essentiell für radikale Interpretation. Alle diese Dinge sind voneinander abhängig.

Die Gründe dafür, mit radikaler Interpretation zu starten, lassen sich auch unter Rekurs auf den Holismus des Mentalen formulieren. Man kann nicht zuerst herausfinden, welche Intentionen ein Wesen hat, und dann von da aus herausarbeiten, was es meint und alles übrige. Man kann die Intentionen eines Wesens nicht entdecken, ohne in der Lage zu sein, seine Rede zu verstehen oder seine Überzeugungen, Wünsche etc. zu kennen. Also muß man in gewissem Sinne mit einer Tabula rasa anfangen, wenn man nichts von dem, was man verstehen will, schon voraussetzt. Da das alles voneinander abhängig ist, wäre es zirkulär, auch nur irgend etwas schon vorauszusetzen.

Sie haben immer die grundsätzliche Verbindung von Kommunikation und dem Begriff der Bedeutung betont, und in Ihren neuesten Schriften argumentieren Sie, daß Bedeutung unter Rekurs auf bestimmte Intentionen des Sprechers verstanden werden muß: Er beabsichtigt, daß seine Worte so interpretiert werden, daß sie eine bestimmte Bedeutung haben. Nichtsdestoweniger hegen Sie eine starke Abneigung dem gegenüber, was Dummett »Humpty-Dumpty-Theorien der Bedeutung« genannt hat.

Das ist vollkommen richtig. Was positiv gesagt werden kann, ist: Jemand meint nicht, daß p, wenn er nicht beabsichtigt, interpretiert zu werden, als meine er p. Das ist meine Ansicht. Nun, das ist keine Humpty-Dumpty-Theorie. Es wäre nur dann eine, wenn man es für hinreichend hielte, zu beabsichtigen, so interpretiert zu werden, als meine man p, um p zu meinen. Das ist aber eine notwendige Bedingung, keine hinreichende, und darum ist das keine Humpty-Dumpty-Theorie.

Es gab immer Diskussionen um die Möglichkeit, Ihren Sprechern Fehler zuzuschreiben. Sicherlich sind die Fehler, denen sie zum Opfer fallen können, durch die holistischen Restriktionen des »Principle of Charity« limitiert. Verstehen wir nun Bedeutung unter Rekurs auf Intentionen, könnte es so aussehen, als falle eine Art möglicher Fehler völlig unter den Tisch: die der Fehlverwendung von Worten, des Irrtums über ihre Bedeutung, kurz: linguistische Fehler.

Nein, aus den Gründen, die ich gerade nannte. Sie können Worte so verwenden, daß niemand sie verstehen kann.

Kann ich dann aber wirklich beabsichtigt haben, in irgendeinem bestimmten Sinne interpretiert zu werden?

Gute Frage. Man kann auf keinen Fall beabsichtigen, was Humpty Dumpty beabsichtigte, denn das sagt er selbst. Alice sagt: »Wie soll ich wissen, daß es das ist, was du meinst?« Und er sagt: »Du kannst es nicht wissen.« Wenn er weiß, daß sie es nicht wissen kann, dann kann er es nicht beabsichtigen, denn man kann nicht beabsichtigen, was man für unmöglich hält. Es kann jedoch sein, daß Sie auf eine bestimmte Weise verstanden werden wollen, ohne angemessene Gründe für die Annahme zu haben, daß Sie so verstanden werden. Und dann stellt sich die Frage, was Sie eigentlich meinen. Sie müssen dem Hörer angemessene Mittel zur richtigen Interpretation liefern, und das kann schiefgehen. Etwas zu meinen, erfordert also eine bestimmte Intention, aber es erfordert ebenfalls, daß bestimmte Bedingungen gegeben sind, unter denen die Intention Erfolg hat. Bedingungen, die durch andere Personen und die Welt um sie herum gestellt werden.

Lassen Sie mich das noch einmal anders formulieren: Der Begriff der Bedeutung basiert vollständig auf Fällen erfolgreicher Kommunikation. Fällen, heißt das, in denen eine Person beabsichtigt, auf eine bestimmte Weise verstanden zu werden, und so verstanden wird. Dann gibt es aber alle Arten gradueller Abweichung vom Erfolgsfall, wo die Kommunikation weniger erfolgreich ist und der Fehler manchmal beim Interpreten liegt, manchmal beim Sprecher, bei beiden oder jenseits ihrer gemeinsamen Kontrolle usw. Was sollen wir sagen, daß der Sprecher meint, während wir uns vom Erfolgsfall entfernen? Ich denke, es gibt keine klare Antwort auf diese Frage, und keinen Grund, warum es eine geben sollte. Natürlich, jemand, der mißverstanden wird, kann immer sagen: »Aber ich meinte das und das.« Das Problem mit dem Wort »meinte« hier ist, daß es auch wieder nur »beabsichtigte« bedeutet. Wenn jemand wirklich beabsichtigt, auf eine bestimmte Weise verstanden zu werden, es ihm aber nicht gelingt, was sollen wir dann sagen, daß er meinte? Das hängt von den genauen Umständen ab. Es gibt keine klare Antwort auf die Frage, was jemand in Fällen teilweisen oder kompletten Mißlingens gemeint hat. Sie können sich entscheiden, denn alles, worauf Sie aufbauen können, sind die Fälle klaren Erfolgs. Und davon kann man auf viele verschiedene Weisen abweichen.

Das scheint mir ein ziemlich spezieller Begriff des linguistischen Fehlers zu sein. Anders als viele andere wollen Sie ihn nicht unter Rekurs auf gemeinschaftliche Praxis einlösen, und doch insistieren Sie darauf, diesen Begriff aufrechtzuerhalten. Welche theoretische Bedeutung hat er für Sie?

Es stimmt, meine Ansicht weicht von dem ab, was viele Leute sagen, das heißt, sie unterscheidet sich auf jeden Fall von Burges und Dummetts Ideen. Beide denken, was ein Sprecher mit seinen Worten meint, hänge sehr stark davon ab, wie die Gemeinschaft diese Worte verwendet, ob der Sprecher das nun weiß oder nicht. Ich denke, das ist ziemlicher Unsinn, denn es hat mit erfolgreicher Kommunikation nichts zu tun. Wenn Sie anders reden als die Gemeinschaft und jemand das herausfindet, dann können Sie den ganzen Tag lang kommunizieren. Und das passiert ständig. Es stimmt also, ich rekurriere nicht auf gemeinschaftliche Praxis, um zu bestimmen, was ein Sprecher meint. Ich denke, nichts hängt davon ab, daß verschiedene Leute auf dieselbe Weise sprechen. Es kommt einzig darauf an, daß jede Person so sprechen sollte, wie es die Zuhörer verstehen.

Wenn Sie also unter linguistischem Fehler Abweichung davon verstehen, was das Lexikon, die besten Leute, die Experten oder Leute mit genug Geld sagen, dann stimme ich zu: diese Begriffe haben mit dem Verständnis von Bedeutung nichts zu tun. Es gibt alle Arten sogenannten Mißbrauchs von Sprache, an denen ich nicht das geringste Interesse habe. Aber selbst wenn man sich nur für diejenigen interessiert, die gerade Zuhörer sind, und alle anderen nicht zählen, besteht die Möglichkeit, nicht verstanden zu werden. Da ist also etwas zu beachten, das außerhalb von einem selbst ist, nämlich wie gerechtfertigt die Annahme ist, verstanden zu werden. Und wie die Zuhörer einen berechtigterweise verstehen können. Das sind zwei verschiedene Dinge, und sie können voneinander abweichen. Deshalb gibt es Fehler bei der korrekten Benutzung von Worten — was nur heißt, daß Sie es nicht schaffen, in einer Weise zu sprechen, die die beabsichtigte Aufnahme sicherstellt.

Motiviert durch die bekannten Chomskischen Forderungen an die Erklärung der linguistischen Kompetenz und Kreativität endlicher Wesen, insistieren Sie auch auf einer anderen Unterscheidung: der zwischen buchstäblicher oder, wie Sie es vorzugsweise nennen, erster Bedeutung (»first meaning«) und Sprecherbedeutung (»speaker's meaning«). Wie ist es mit sekundären Bedeutungen? In einer Fußnote zu einem Ihrer neuesten Artikel deuten Sie an, daß Sie metaphorischen Bedeutungen gegenüber nicht mehr länger die eher puristische Haltung von »What Metaphors Mean« einnehmen. Ziemlich vereinfacht, hatten Sie dort argumentiert, die einzige Bedeutung, die eine Metapher habe, sei ihre buchstäbliche Bedeutung, und der Mechanismus ihrer Wirkung auf uns sei ähnlich linguistischer Natur wie ein »Schlag auf den Kopf«. Könnten Sie das etwas ausführen?

Alles, was ich gemildert habe, ist die Terminologie. Ich sollte mich nicht so benehmen, als wäre das Wort »Bedeutung« mein Eigentum. Wenn es andere anders benutzen wollen, als ich das tue, sollen sie, aber meine Ansicht über Metaphern ist im Grunde genau die, die sie immer war. Im Falle erfolgreicher Kommunikation ist »first meaning« die Bedeutung, die die Leute als die beabsichtigte auffassen sollen und es auch tun. Es gibt keine Metapher, wo es keine »first meaning« gibt. Wenn Sie jemanden eine Ratte nennen und das metaphorisch sein soll, dann mißversteht Sie derjenige, der denkt, »Ratte« heiße »verächtliche Person«. Er muß wissen, was eine Ratte ist, um die Metapher zu verstehen. »First meaning« wird von Ihrer vorhergegangenen Praxis bestimmt, oder doch zumindest durch was auch immer jemand hat, um sie herauszufinden. Nun, was passiert danach? In meinem Originalartikel habe ich mich dem widersetzt, das »Bedeutung« zu nennen, ganz einfach, weil es nicht diesen Charakter hat. Es ist nichts, wo man erwarten kann, daß Sie die Leute im voraus darauf vorbereitet haben, nichts, an das man gewöhnt ist und so weiter. Andernfalls würde das Wort »Ratte« einfach als doppeldeutig angesehen. Es würde einfach so interpretiert, als bezeichne es eine verächtliche Person, was es natürlich inzwischen auch tut; es ist keine wirkliche Metapher mehr. Hier könnte man also sagen, daß Wort »Ratte« sei doppeldeutig geworden, es habe zwei Bedeutungen, und man müsse herausfinden, welche unter den gegebenen Umständen relevant ist. Also, ich glaube nicht, daß ich hier wirklich meine Ansichten geändert habe.

Aber Sie haben Ihre Ansichten über »first meaning« geändert: Im Falle von Malapropismen haben wir eine erste Bedeutung, auf die der Hörer nicht vorbereitet ist. Trotzdem insistieren Sie darauf, daß es sich um eine »first meaning« handelt. Dann stellt sich die Frage: Warum »malapropistische« erste Bedeutungen von metaphorischen »Bedeutungen« unterscheiden, warum nicht die Interpretation von Metaphern in der Terminologie der »passing theories« beschreiben? Es erscheint mir sehr plausibel zu sagen, das ginge nicht, weil die Interpretation von Metaphern von der Existenz einer solchen ersten Bedeutung, so ephemer sie sein mag, abhängt, die dem Interpreten die Richtung auf das weist, worauf der Sprecher letztlich hinaus will. Der Sprecher muß zwei (oder mehr) Intentionen haben: sowohl eine semantische, die die »first meaning« regelt, als auch eine sekundäre, »metaphorische« Intention.

Das ist genau das, was ich sagen würde. Sie haben recht, ich habe nicht meine Ansichten über Metaphern geändert, sondern die über »first meaning«.

Es gibt einen weiteren sehr einflußreichen Versuch, Bedeutung unter Rekurs auf Intentionen zu erklären: den Griceschen Ansatz. Worin bestehen Ähnlichkeiten, worin Unterschiede zwischen Ihrem und Grices Ansatz?

Grice hat einige der Beziehungen zwischen Bedeutung und Intention verstanden. Z.B. Feedback: Sie beabsichtigen mit

Ihren Handlungen nicht nur, auf bestimmte Art interpretiert zu werden, sondern vielmehr, daß man versteht, was Sie meinen, indem man genau diese Intention erkennt. Das ist ein sehr subtiler Gedanke, und Grice hat klargemacht, daß man so etwas sagen muß. Ich denke, man muß es sowohl über »first meaning« als auch über den Äußerungsmodus (»force«) sagen. Soll etwas eine Behauptung sein, dann muß es Teil Ihrer Intention sein, daß die Leute erkennen, daß Sie eine Behauptung äußern wollen. Soweit bin ich also Griceaner.

Aber ich denke nicht, daß man den Begriff linguistischer Bedeutung auf der Basis von Intentionen definieren kann; es handelt sich um eine notwendige Bedingung, nicht aber um eine hinreichende. Und selbst wenn man Bedeutung auf der Basis von Intentionen definieren könnte, wäre ich nicht sonderlich daran interessiert, denn ich halte Intentionen für mindestens so schwer erklärbar wie Bedeutungen. Aus diesen beiden Gründen bin ich also wiederum kein Griceaner.

Unter anderem implizieren Ihre Ansichten über Handlung und Bedeutung ziemlich radikale Konsequenzen für den von Ihnen so genannten »Mythos des Subjektiven«, d. h. die Idee, daß es Gegenstände des Denkens gibt, einzig zugänglich aus der Perspektive des Subjekts selbst und ihm die Welt subjektiv präsentierend. Wenn wir diesen Mythos aufgeben, was bleibt dann übrig vom westlichen Konzept des Selbst, vom Subjekt, das traditionellerweise in Relation zu diesen Gegenständen stehen, Gedanken »haben« sollte, Überzeugungen? Und was wird aus der Idee, daß jeder von uns seine eigene, unverkennbar individuelle Perspektive auf die Welt hat, wie sie sich z. B. in Kunstwerken artikuliert?

Auch unter der Annahme, es gebe keinen Gegenstand, zu dem die Person psychologisch in Relation steht, haben Sie nichtsdestoweniger noch ein Subjekt, wenn Sie gleichzeitig annehmen, einen Gedanken zu haben, heiße, sich in einem bestimmten Zustand zu befinden. Es gibt eine Eigenschaft, die die Person in diesem Moment hat, die Eigenschaft, von etwas überzeugt zu sein, etwas zu beabsichtigen oder was immer es sei. Es gibt ein Subjekt unabhängig davon, ob Sie ihm nur Prädikate zuschreiben, oder ob Sie Relationen zwischen dem Selbst und etwas anderem annehmen. Also, ich mache es mir da eher einfach, indem ich keine tiefgründigen Fragen über dieses Selbst aufwerfe.

Dann, das Triangulationsszenario bringt die Idee zum Ausdruck, man könne weder die Vorstellung von einem Selbst noch von irgend etwas anderem haben, bevor man nicht auch die Vorstellung von anderen Subjekten und einer gemeinsamen Welt hat. In gewissem Sinne ist also der Begriff einer Perspektive grundlegend, aber das ist keine Perspektive, die Ihnen eine andere Welt präsentiert als jemandem anders, es ist eine Perspektive auf dieselbe Welt. Und Sie könnten die Konzeption einer Welt gar nicht haben, wäre es keine öffentliche Welt, das heißt eine, die Sie mit mindestens einer anderen Person teilen — tatsächlich aber mit vielen anderen.

Mir scheint, ich habe keinen der Aspekte einer Person, die ich für fundamental halte, eliminiert. Da ist die Autorität der Ersten Person, jede Person steht zu den eigenen Gedanken in einer Beziehung, die niemand anders dazu hat. Wir selbst wissen meist, was wir denken, ohne Beobachtungen anstellen zu müssen — niemand anders kann das. Was fehlt? Die Idee, daß es grundlegende kleine Wissenshäppchen gibt, die irgendwie nicht zur öffentlichen Welt gehören? Das ist genau das, was ich bestreite.

Nichtsdestoweniger sind Gedanken privat in dem Sinne, daß sie nur zu einer bestimmten Person gehören, es sind Ihre und sonst niemandes, und Ihre Zugangsweise dazu ist verschieden von der aller anderen. Aber sie sind nicht in dem

Sinne privat, daß ihr Inhalt es wäre. Das, was Sie denken, ist wahr oder falsch, und Wahrheit und Falschheit sind objektive Begriffe. So etwas wie eine private Wahrheit gibt es nicht.

Eine unterschiedliche Perspektive auf die Welt wäre also eine in gewissem Maße unterschiedliche Menge von Überzeugungen darüber?

Ja, jeder ist verschieden.

Das bringt mich zum Thema der Übergänge, Übergänge zu Gebieten, die auf den ersten Blick wirken könnten, als stünden sie kaum in Beziehung zum Kern Ihrer philosophischen Ansichten. Sie haben über literarische Sprache geschrieben, über James Joyce, und es gibt sogar ein Gerücht, Sie hätten einen Aufsatz über Beethovens Fünfte Symphonie verfaßt. Erzählen Sie uns etwas mehr über diese Interessen?

In letzter Zeit habe ich einiges gemacht, was meine anderen Interessen einbezieht: Gerade habe ich einen zweiten Aufsatz über Selbsttäuschung geschrieben, und er handelt überwiegend von literarischen Beispielen wie Madame Bovary. Ich weiß nicht, ob Sie gesehen haben, was ich über einen modernen Künstler geschrieben habe?

Robert Morris?

Ja. Seine Bilder, die blind gemalt sind, werden jeweils von einem Zitat aus meinen Arbeiten über Handlungen und Ereignisse begleitet. Als ich über diese Zeichnungen geschrieben habe, habe ich darauf hingewiesen, daß sie den Betrachter direkt einbeziehen, indem sie die Relation zwischen Intention (des Künstlers) und Ausführung illustrieren. In einem neuen Aufsatz über den Gebrauch von Sprache in der Literatur betone ich die Tatsache, daß, obwohl ein gewaltiger Unterschied zwischen dem geschriebenen und dem gesprochenen Wort besteht, zur Bestimmung der Bedeutung seiner Worte die Intention des Autors, eine bestimmte Interpretation zu erzielen, wesentlich bleibt. Nun, Beethoven, ich habe nicht wirklich einen Aufsatz über Beethovens Fünfte Symphonie geschrieben. Joseph Kerman von der Musikhochschule in Berkeley schrieb einen mit dem sehr schlauen Titel »Taking the Fifth«. Ich habe diesen Artikel bloß kommentiert, das war alles.

Vor vielen Jahren habe ich einen Aufsatz über Bedeutung in der Musik geschrieben, aber nie veröffentlicht. Das war eine Art Scherz, weil es nicht das ist, was wir normalerweise mit diesem Begriff meinen; er ist ganz und gar über musikalische Notation. Das ist etwas, das ich fast immer erörtere, wenn ich Sprachphilosophie unterrichte, weil es viele Ähnlichkeiten zwischen musikalischer Notation und einer natürlichen Sprache gibt, und auch einige absolut grundlegende Unterschiede.

Zum Beispiel?

Zum einen gibt es nichts in musikalischer Notation, was der Negation gleichkäme. Es gibt das Auflösungszeichen, das ist eine Art Negation von Erhöhung oder Erniedrigung, aber davon abgesehen können Sie nicht sagen: »Diesen Takt nicht spielen«, und wenn Sie sagen wollen: »Diesen Teil wiederholen, aber jenen nicht«, gibt es nichts in musikalischer Notation, was Ihnen das sagt. Solche Anweisungen werden einfach dazugeschrieben, üblicherweise auf italienisch. Die hinzugefügten Worte zähle ich nicht, wie den Titel, Autor, vielleicht ein Datum; das ist nicht Teil musikalischer Notation, das ist gewöhnliche Sprache. Viele der Instruktionen, die zum Stück gehören, sind bloß gewöhnliche Worte. Dann gibt es eine Reihe von Übereinstimmungen zwischen musikalischer Notation und gewöhnlicher Sprache; z.B. ist musikalische Notation digital und nicht analog, was auch auf Sprache zutrifft, nicht aber auf eine Landkarte. Man kann eine Menge interessanter Vergleiche anstellen.

Um noch auf einen weiteren Übergang zu sprechen zu kommen: Im letzten Jahr hielten Sie die Kant-Vorlesungen in Stanford. Sie waren völlig auf Ethik konzentriert. Ich glaube, bisher kennen nur sehr wenige Ihr Interesse an praktischer Philosophie. Erlauben Sie uns einen Blick darauf? Wie hat sich Ihr Interesse an Ethik entwickelt, und wo sehen Sie Bezüge zu Ihrer weiteren Arbeit?

Ich habe über Jahre in Stanford Ethik gelehrt, viele Jahre war ich der einzige dort, der das tat. Und ich habe auch schon darüber geschrieben; es gibt ein paar Aufsätze: einer heißt »Expressing Evaluations«, und ich habe etwas über interpersonale Vergleiche geschrieben. Die große Verbindung zwischen Evaluierungen, für die Ethik nur ein Beispiel ist, und meiner allgemeinen Sichtweise ist diese: Wenn Sie herauszufinden versuchen, was jemand meint, dann fangen Sie mit den Präferenzen dieser Person bezüglich der Wahrheit eines Satzes im Gegensatz zu einem anderen an. Was in Wirklichkeit einfach schlichte Präferenzen sind, denn wenn Sie wünschen, ein Satz sei eher wahr als ein anderer, dann heißt das, Sie hätten die Welt lieber in dieser als in jener Weise. Und das ist wirklich ganz grundlegend, so daß Sie, wenn Sie jemanden verstehen wollen, eine Basis finden müssen, auf der Sie die Werte dieser Person mit Ihren eigenen vergleichen können. Das ist etwas, das ich immer schon zu entwickeln geplant habe. Später in diesem Jahr werde ich zwei Vorlesungen in Dartmouth halten, und die werden von evaluativen Einstellungen handeln. Dort werde ich einige dieser Ideen weiter entwickeln.

Eine letzte Frage zur Ethik: Würden Sie diese gemeinsame Grundlage, die in Vergleichen der Evaluationen verschiedener Leute vorausgesetzt ist, zur Begründung der Ethik nutzen wollen?

Hm, ich weiß nicht. Ich bin kein großer Letztbegründer (»foundationalist«). Aber unsere Fähigkeit zum Vergleich der Werte verschiedener Leute ist essentiell für jede Theorie der Ethik. Das heißt jedoch nicht, daß das, worin wir übereinstimmen, richtig ist oder irgend etwas ähnliches; es gibt da keine einfache Verbindung.

Nach allem, was Sie vollbracht haben, was steht noch auf Ihrer Liste? Haben Sie das Gefühl, wichtige Fragen unbearbeitet gelassen zu haben? Gibt es Dinge, zu denen Sie sich immer schon äußern wollten, es aber aus irgendeinem Grunde nie taten?

Oh ja, endlos viele, viel mehr, als ich je schaffen werde. Es gibt da ein Thema, zu dem ich seit ungefähr zwanzig Jahren eine ziemlich bestimmte Ansicht gehabt habe, und die Leute fragen immer wieder danach, und ich will es immer wieder aufschreiben und hab's noch nicht. Aber jetzt habe ich jemandem nächstes Jahr einen Aufsatz darüber versprochen. Das ist die Frage: Warum denke ich, daß eine Beziehung zwischen Gesetzmäßigkeiten und dem Begriff der Ursache besteht?

Richtig, Sie haben immer gesagt, Sie würden ...

O.K., ich werde es tun. Ich glaube, zu einer Menge von dem, was ich gern über Ethik machen würde, werde ich nicht kommen, schon einfach, weil es ein so gewaltiges Projekt ist.

Eine letzte Frage: Wo stehen Sie politisch?

Geben Sie mir ein paar Alternativen.

Nun, es wäre interessant, ob Sie sich in einem weiten Sinne als ein Liberaler charakterisieren würden, oder gerade nicht ...

Oh sicherlich, liberal in einem weiten Sinne. Auf einer normalen Skala von links nach rechts bin ich auf jeden Fall ziemlich weit links. Darüber hinaus müßten wir jedoch ins Detail gehen.

Professor Davidson, vielen Dank!

Aus dem Englischen von Kathrin Glüer

Anhang

Anmerkungen

I. Einleitung

1 W. v. Humboldt, »Ueber das vergleichende Sprachstudium in Beziehung auf die verschiedenen Epochen der Sprachentwicklung«, in: ders., *Schriften zur Sprachphilosophie, Werke in fünf Bänden*, Bd. III, Darmstadt 1963, S. 10.
2 I. Hacking, »On the Frontier«, in: *New York Review of Books* (20. 12. 1984), S. 54.

II. Radikale Interpretation: Donald Davidsons Sprachtheorie

1 L. Wittgenstein, *Tractatus logico-philosophicus*, in: ders., Werkausgabe Bd. 1, Frankfurt/M. 1984, 4.024. Vgl. auch D. Wiggins, »Meaning, Truth-Conditions, Proposition: Frege's Doctrine of Sense Retrieved, Resumed and Redeployed in the Light of Certain Recent Criticisms«, in: *Dialectica* 46, 1992, S. 61 ff.
2 G. Frege, *Die Grundlagen der Arithmetik*, Hildesheim 1884, S. X.
3 G. Frege an P.E.B. Jourdain (undatiert), in: ders., *Wissenschaftlicher Briefwechsel*, hrsg. v. G. Gabriel u. a., Hamburg 1976, S. 127.
4 A. Tarski, *Der Wahrheitsbegriff in den formalisierten Sprachen*, Lemberg 1935, S. 450.
5 Ebenda, S. 451.
6 W. Künne, »Wahrheit«, in: *Philosophie. Ein Grundkurs*, hrsg. v. E. Martens u. H. Schnädelbach, Hamburg 1985, S. 149. Tarski selbst erläutert Konvention W an der Sprache des Klassenkalküls. Künne überträgt diese Überlegungen auf Fragmente natürlicher Sprachen. Dieses Verfahren ist für un-

seren Zweck überaus günstig, denn Davidsons gesamtes Projekt richtet sich ausschließlich auf natürliche Sprachen. Für Konvention W vgl. A. Tarski, *Der Wahrheitsbegriff in den formalisierten Sprachen*, a. a. O., S. 481 f.

7 Vgl. W. Künne, »Wahrheit«, a. a. O., S. 155.
8 A. Tarski, »Die semantische Konzeption der Wahrheit und die Grundlagen der Semantik«, in: *Wahrheitstheorien*, hrsg. v. G. Skirbekk, Frankfurt/M. 1977, S. 154.
9 Für eine Definition und genauere Erläuterung des Begriffs der Erfüllung vgl. M. Platts, *Ways of Meaning*, London 1979, S. 21 und S. 26 ff.
10 A. Tarski, »Die semantische Konzeption der Wahrheit…«, a. a. O., S. 157.
11 Diese Definition ist ›semantisch‹ insofern, als sie das Prädikat ›wahr‹ als ein abgeleitetes semantisches Prädikat bestimmt: »[…] was getan worden ist, ist daß die Eigenschaft, wahr zu sein, durch eine Relation zwischen Sprache und etwas anderem erklärt worden ist« (1969: 48). Diese Relation kommt zum Ausdruck im Prädikat ›x erfüllt y‹, dessen freie Variablen sich auf Folgen von Gegenständen (x) bzw. sprachliche Zeichen (y) beziehen. Prädikate mit dieser Eigenschaft sind semantisch im primären Sinne.
12 Vgl. A. Tarski, *Der Wahrheitsbegriff in den formalisierten Sprachen*, a. a. O., S. 461.
13 Vgl. D. Larson, »Tarski, Davidson, and Theories of Truth«, in: *Dialectica* 42 (1988), S. 7.
14 Vgl. I. Hacking, *Why does Language Matter to Philosophy*, Cambridge, UK 1975, S. 142 f.; W. Künne, »Prinzipien der wohlwollenden Interpretation«, in: *Intentionalität und Verstehen*, hrsg. v. Forum für Philosophie Bad Homburg, Frankfurt/M. 1990, S. 219. Davidson diskutiert diesen Einwand in 1967, S. 25 ff., siehe insbesondere Anm. 10 und 11.
15 Vgl. 1973a: 131; siehe auch W. Künne, »Prinzipien der wohlwollenden Interpretation«, a. a. O., S. 218.
16 Vgl. dazu z. B. E. Tugendhat, *Vorlesungen zur Einführung in die sprachanalytische Philosophie*, Frankfurt/M. 1976, S. 497 ff. Siehe auch D. Wiggins, »Meaning, Truth-Conditions, Proposition«, a. a. O., S. 61 ff. Wiggins deutet eine mög-

liche Verbindung von Davidsonscher Semantik und Austins Theorie der Sprechakte an.
17 Zur Kritik an Davidsons parataktischer Analyse psychologischer Sätze vgl. z. B. Stephen Schiffer, *Remnants of Meaning*, Cambridge, Mass. 1989, insb. Kap. 5. Siehe aber auch D. Wiggins, »Meaning, Truth-Conditions, Proposition...«, a. a. O., S. 61-90.
18 Vgl. J. A. Foster, »Meaning and Truth Theory«, in: *Truth and Meaning. Essays in Semantics*, hrsg. v. G. Evans u. J. McDowell, Oxford 1976, S. 1-32.
19 Eine abweichende Meinung zum Thema gefälschter Theorien vertritt B. T. Ramberg, *Donald Davidson's Philosophy of Language*, New York 1989, S. 60 ff. und S. 79 ff. Sein Argument läuft auf die Behauptung hinaus, die Fälschung führe zu formalen Inkonsistenzen innerhalb der Axiome der gefälschten Theorie in dem Moment, wo Axiome für ›Gras‹ oder ›ist grün‹ zu formulieren seien. Dies erscheint jedoch nicht plausibel, denn Axiom (A) sagt nichts aus über ›grass‹ oder ›is green‹ im Englischen, kann folglich Aussagen anderer Axiome darüber nicht widersprechen. Ramberg versucht letztlich, auf Plausibilitäten zu rekurrieren, die sich erst aus dem Prozeß des Interpretierens ergeben, das heißt wie Davidson auf *empirische* Restriktionen der Konstruktion von W-Theorien.
20 Vgl. W. v. O. Quine, *Word and Object*, Cambridge, Mass. 1960, Kap. 2.
21 Die Beispielsätze stammen aus Vladimir Nabokovs *Ada, or Ardor. A Family Chronicle*, New York 1969.
22 W. Künne, »Prinzipien der wohlwollenden Interpretation«, a. a. O., S. 223.
23 W. V. O. Quine, *Pursuit of Truth*, Cambridge, Mass. 1990, S. 47.
24 Vgl. I. Hacking, *Why does Language matter to Philosophy*, a. a. O., S. 154 f.
25 Ebenda, S. 179.
26 Der am häufigsten zitierte Gewährsmann einer solchen Position ist der späte Wittgenstein, Ähnliches neueren Datums findet sich u. a. bei Saul Kripke und Tyler Burge. Für eine Formulierung einer solchen These in Reaktion auf Davidson sie-

he M. Dummett, »A Nice Derangement of Epitaphs: Some Comments on Davidson and Hacking«, in: *Truth and Interpretation. Perspectives on the Philosophy of Donald Davidson*, hrsg. v. E. LePore, New York 1986, S. 459 ff.
27 Th. Mann, *Der Zauberberg*, Berlin 1924, 5. Kap. Seinen Titel »A Nice Derangement of Epitaphs« verdankt Davidson einer anderen ›Frau Stöhr‹: Mrs. Malaprop. Sie entstammt Sheridans Komödie *The Rivals* und äußert jene Wortfolge in der Absicht, von ›a nice arrangement of epithets‹ (›einer hübschen Anordnung von Attributen‹) zu sprechen.
28 Hier einige Kommentare. I. Hacking, »The Parody of Conversation«, in: E. LePore (Hg.), *Truth and Interpretation*, a. a. O., S. 447: »Bilderstürmerei«; W. Künne, »Prinzipien wohlwollender Interpretation«, a. a. O., S. 234, Anm. 43: »sprachphilosophisch mal à propos«; M. Seel, »Am Beispiel der Metapher«, in: *Intentionalität und Verstehen*, a. a. O., S. 266: »mindestens so paradox wie die Vorstellung einer durch Verletzung der Kommunikationsregeln geleisteten Erfüllung dieser Regeln«.
29 Vgl. W. Künne, »›Im übertragenen Sinne.‹ Zur Theorie der Metapher«, in: *Conceptus* 17 (1983), S. 183 ff.
30 Im Gespräch weist Davidson darauf hin, daß dieser Begriff der Sprache ein extrem technischer ist. Der von ihm attakkierte hingegen sei jener, der die fragliche Struktur als ein von Sprecher und Interpret gleichermaßen erlerntes System von Konventionen bestimme (vgl. 1993a). Dieser zweite Begriff von Sprache sei im Gegensatz zum technischen nicht auf bestimmte Idiolekte zu bestimmten Zeitpunkten relativierbar. Das ist zweifellos richtig und deutet zudem darauf hin, daß die im folgenden vorgeschlagene Lesart durchaus in Davidsons Sinne sein könnte, dennoch aber modifizieren die Überlegungen von »A Nice Derangement« auch eine Beschreibung linguistischer Kompetenz mit Hilfe dieses technischen Begriffs der Sprache so erheblich, daß Davidson selbst davon durchaus betroffen erscheint. Da er bereits seit »Radical Interpretation« explizit vertritt, daß keine zwei Sprecher dieselbe Sprache teilen müssen, und uns 1982 mitgeteilt hat, daß ›Kommunikation ohne Konventionen‹ möglich ist, wäre an-

dernfalls auch der Zusatz »inklusive Beschreibungen, für die ich selbst verantwortlich bin« (1986: 437) unmotiviert.
31 Auf die Ähnlichkeit dieser Gedanken mit Ideen Schleiermachers und Wilhelm v. Humboldts weist Manfred Frank hin, vgl. M. Frank, *Selbstbewußtsein und Selbsterkenntnis*, Stuttgart 1991, S. 53 ff.
32 Zudem würde es für Davidson mit der Negierung jeglicher Regularität vollends unmöglich, Fehlverwendungen eines Wortes Fehler zu nennen. Wortverwendungsfehler zu erklären und von falschen Aussagen über die Welt zu unterscheiden, ist eine wesentliche Motivation dafür, Bedeutung konventionell aufzufassen. Davidson aber kann Fehlverwendungen als Phänomen überhaupt nur durch Rekurs auf idiolektspezifische Regularitäten zulassen. Welche Art von Fehler je vorliegt, kann dabei indessen nicht prinzipiell entschieden werden.
33 Wenden wir diese Überlegungen auf *Neologismen* an, so zeigt sich zudem, daß es theoretisch noch nicht einmal wesentlich ist, daß der Interpret beim Malapropismus zunächst eine Abweichung von einer Regel feststellt.
34 Vgl. dazu mit etwas anderem Akzent A. Bilgrami, *Belief and Meaning*, Oxford 1992, S. 64 ff.
35 Einen so verstandenen Holismus attackieren auch J. Fodor und E. LePore in *Holism. A Shopper's Guide*, Cambridge, Mass. 1992, insbes. Kapitel 2. Doch hier ist Vorsicht angeraten; die Argumente, mit denen Davidson ihnen zufolge seinen Holismus verteidigt, kann ich bei Davidson nirgends entdecken.
36 Davidson selbst hält sein Modell durchaus für dynamisierbar; vgl. schon 1974a: 153; 1970: 223. Einen Dynamisierungsversuch unternimmt auch B. T. Ramberg, *Donald Davidson's Philosophy of Language*, a. a. O., S. 98 ff. Er versucht, alle früheren Essays im Lichte von »A Nice Derangement« zu lesen und so alle Brüche in Davidsons Sprachphilosophie zu kurieren, übersieht dabei jedoch sowohl den Unterschied zwischen fixierbaren (sozialen) Konventionen und der Forderung nach einem gewissen Maß genereller Regularität im einzelnen Idiolekt als auch die Widerstände, die ein radikaler

Holismus einer Dynamik ganzer W-Theorien entgegensetzt. So heißt es bei ihm: »[...] even if we used *nothing but* malapropisms, communication would still be possible« (ebenda, S. 101) — und das scheint schlicht falsch zu sein.

III. Das »Principle of Charity«

1 I. Hacking, *Why does Language matter to Philosophy?*, Cambridge, UK 1975, S. 147 u. S. 149.
2 J. E. Malpas, »The Nature of Interpretative Charity«, in: *Dialectica* 42 (1988), S. 17-32; B. T. Ramberg, *Donald Davidson's Philosophy of Language*, New York 1989, S. 64-82; W. Künne, »Prinzipien wohlwollender Interpretation«, in: *Intentionalität und Verstehen*, Frankfurt/M. 1990; P. Thagard u. R. E. Nisbett, »Rationality and Charity«, in: *Philosophy of Science* 50 (1983), S. 250-267.
3 N. Wilson, »Substances without Substrata«, in: *Review of Metaphysics* 12 (1959), S. 521-539.
4 Vgl. z. B.: 1967: 27; 1968: 101; 1973a: 36f.; 1974: 197; 1974a: 152f.; 1975: 159 und 168f.; 1977: 201; 1979: 228; 1980: 7; 1982b: 302f.; 1983: 316 und 318; ITI: xvii; 1985a: 90f. und 1989: 319.
5 Der hier verwendete Präsuppositionsbegriff muß unterschieden werden von dem bei Frege oder Strawson verwendeten. Sie untersuchen die Präsuppositionen bestimmter Äußerungen. Die Präsuppositionsrelation ist dann entweder eine Relation logischer Implikation zwischen Aussagen (›Der gegenwärtige König von Frankreich ist kahlköpfig‹ präsupponiert ›Es gibt gegenwärtig einen König von Frankreich‹) oder eine pragmatische Relation zwischen Aussagen und Fakten. In unserem Kontext jedoch werden notwendige Voraussetzungen allen Verstehens unabhängig vom semantischen Gehalt spezifischer Aussagen beschrieben.
6 Vgl. A. Bilgrami, *Belief and Meaning*, Oxford 1992, S. 2. Diese generelle Explikation von Externalismus findet sich explizit erstmals bei H. Putnam, »The Meaning of ›Meaning‹«, in:

ders., *Mind, Language, and Reality. Philosophical Papers*, Cambridge 1975.

Hier ist Mißverständnissen vorzubeugen: Weder Davidsons Externalismus noch seine Charakterisierung okkasioneller W-Äquivalenzen als Kausalhypothesen verpflichten ihn auf eine Kausaltheorie der Referenz, wie sie beispielsweise von Kripke, Putnam und Devitt vertreten wird. Ob erfolgreich auf einen Gegenstand referiert wird, hängt solchen Theorien zufolge davon ab, ob Gegenstand und Äußerung des Wortes durch die richtige Kausalkette verbunden sind. Davidsons Kausalhypothesen operieren indessen auf der Ebene ganzer Sätze — die Referenz darin vorkommender Worte bleibt sosehr theoretisches Konstrukt und so unbestimmt wie vordem.

7 Das damit formulierte Prinzip konzeptueller Enthaltsamkeit tauft Ramberg »Davidson's razor«. (B. T. Ramberg, *Donald Davidson's Philosophy of Language*, a. a. O., S. 36.)
8 W. Künne, »Prinzipien wohlwollender Interpretation«, a. a. O., S. 223.
9 In frühen Aufsätzen ist außerdem von Konsistenz zwischen Sprechern derselben Sprechergemeinschaft die Rede; deren Maximierung ist aber nur für die Konstruktion von W-Theorien für ganze Sprechergemeinschaften, also für Sprachen im herkömmlichen Sinne, von Belang und kann nicht länger als essentieller Bestandteil des Davidsonschen *Principle of Charity* gelten.
10 R. Bittner, »Verständnis für Unvernünftige«, in: *Zeitschrift für philosophische Forschung* 43 (1989), S. 382.
11 Vgl. R. Grandy, »Reference, Meaning, and Belief«, in: *Journal of Philosophy* 70 (1973), S. 445.
12 In diesem Sinne kritisieren auch Fodor und LePore Davidson (J. Fodor/E. LePore, *Holism. A Shopper's Guide*, Cambridge, Mass. 1992, Kap. 3). Vgl. auch R. Bittner, »Verständnis für Unvernünftige«, a. a. O., S. 579 ff.
13 Vgl. A. Bilgrami, *Belief and Meaning*, a. a. O., S. 141 ff., der eine wesentlich radikalere Lokalitätsthese vertritt. Seine gleichzeitige Neuinterpretation der Rolle von W-Theorien kann hier jedoch nicht diskutiert werden.

14 Im Gespräch nennt Davidson noch eine weitere Form von Konsistenz: Der Sprecher muß insgesamt so interpretiert werden, daß er über die notwendigen konzeptuellen Ressourcen verfügt, um verstehen zu können, was er selber sagt. Diese Forderung ist eng mit der vorteilhaften Eigenschaft Tarskischer Theorien verknüpft, daß rechte und linke Seite der W-Äquivalenzen denselben Grad logischer Strukturiertheit besitzen können. Die besagte *Principle of Charity*-Variante fordert dies nun, fordert also z. B., daß die Erfüllungsbedingungen von ›x is white‹ nicht angegeben werden als ›x gehört zur Klasse der weißen Gegenstände‹. Andernfalls wäre zum einen unklar, wie der Unterschied zwischen ›x is white‹ und ›x belongs to the class of white objects‹ markiert werden könnte, und zum zweiten bliebe unerklärlich, wie der Sprecher über die Klasse der weißen Gegenstände sprechen kann, wenn er nicht über ein Äquivalent des Prädikats ›is white‹ verfügt. Sprecher müssen also konsistent in dem Sinne sein, daß das ihnen zugeschriebene System propositionaler Einstellungen eines ist, das jemand plausiblerweise haben kann.

15 R. Bubner, »Wohin tendiert die analytische Philosophie?«, in: *Philosophische Rundschau* 34 (1987), S. 277.

16 Hinweisen möchte ich auch auf die Verwandtschaft des *Principle of Charity* mit hermeneutischen Prinzipien, z. B. Gadamers ›Vorgriff der Vollkommenheit‹. Vgl. dazu die Artikel von W. Künne (1981, insbesondere aber 1990). Siehe auch R. Bubner, »Wohin tendiert die analytische Philosophie«, a. a. O., der eine allgemeine Hermeneutisierung der analytischen Philosophie diagnostiziert.

17 Vgl. F. P. Ramsey, »Truth and Probability«, in: *The Foundations of Mathematics and other Logical Essays*, hrsg. v. R. B. Braithwaite, London 1931, S. 156-198, wiederabgedruckt in: ders., *Philosophical Papers*, hrsg. v. D. H. Mellor, Cambridge 1990, S. 52-94.

IV. Davidsons Handlungstheorie

1 G. M. Wilson, »Davidson on Intentional Action«, in: *Actions and Events. Perspectives on the Philosophy of Donald Davidson*, hrsg. v. E. LePore u. B. McLaughlin, Oxford 1985, S. 29.
2 L. Wittgenstein, *Das Blaue Buch*, in: ders., Werkausgabe Bd. 5, Frankfurt/M. 1984, S. 35.
3 Für weitere Literatur siehe 1963a: 13, Anm. 6.
4 Vgl. P. Lanz, »The Explanatory Force of Action Explanations«, Typoskript seines Vortrags im Rahmen des ›ZiF Author's Colloquium with Donald Davidson‹, 25.-27.2.1991, Bielefeld, S. 2f.
5 Der Hinweis, Handlungen könnten zufriedenstellend durch Angabe von Charakterzügen wie etwa Geiz erklärt werden, ist daher kein Gegenargument. (Vgl. G. Ryle, *The Concept of Mind*, London 1949, S. 89f.) Ryle analysiert Charakterzüge als Verhaltensgesetze, denen die betreffende Person unter entsprechenden Umständen gehorcht. Davidson zeigt, daß die Verständlichkeit solcher Erklärungen von Primärerklärungen abhängt; wir verstehen sie nur deshalb, weil wir wissen, welchen Arten von Handlungen gegenüber Geizige im allgemeinen Pro-Einstellungen hegen.
6 Beispiel aus: E. LePore u. B. McLaughlin, »Actions, Reasons, Causes, and Intentions«, in: dies. (Hg.), *Actions and Events*, a.a.O., S. 10.
7 Davidson selbst redet bis 1971 so und verläßt sich dabei auf die intuitive Plausibilität der ›under a description‹-Formel, die er von Anscombe übernimmt. (Vgl. G.E.M. Anscombe, *Intention*, Oxford 1957; dies.: »Under a Description«, in: *Nous* 13 (1979), S. 219-233.) Dabei ist dieser Terminus jedoch durchaus als technischer intendiert (vgl. 1971a: 194).
8 Das Prinzip ontologischer Sparsamkeit wird von Wilhelm von Ockham (ca. 1285-1349) als methodologisches Ökonomieprinzip wissenschaftlicher Erklärung eingesetzt. Es wird meist als ›entia non sunt multiplicanda praeter necessitatem‹ (Dinge sind nicht ohne Not zu vervielfältigen) zitiert, diese Formulierung findet sich bei Ockham selbst jedoch nicht. Authentisch hingegen sind die Formulierungen: ›pluralitas non

est ponenda sine necessitate‹ (eine Mehrzahl darf nicht ohne Not angenommen werden) und ›frustra fix per plura quod fieri potest per pauciora‹ (was sich auch durch weniger erreichen läßt, geschieht umsonst mit Hilfe von mehr).
9 W.V.O. Quine, »Events and Reification«, in: E. LePore u. B. McLaughlin (Hg.), *Actions and Events*, a.a.O., S. 164. So auch noch einmal mit Nachdruck in ders., »Structure and Nature«, in: *Journal of Philosophy* 84 (1992), S. 5-9. An einigen Stellen argumentiert er sogar, letztlich seien nur Klassen erforderlich. Vgl. ders., »Whither Physical Objects?«, in: *Boston Studies in the Philosophy of Science* 39 (1976), S. 497-507.
10 W.V.O. Quine, »Existence and Quantification«, in: ders., *Ontological Relativity and Other Essays*, New York 1969, S. 94.
11 Diese Forderung schließt es aus, ›buttert‹ in (7) als siebenstelliges Prädikat zu analysieren. Entsprechend müßte sonst ›buttert‹ in (9) zweistellig sein bzw. dreistellig in (8). Jedes dieser Prädikate wäre bedeutungsverschieden und keiner der Schlüsse formal gültig. Zudem ist nicht ohne weiteres zu sehen, daß ein Prädikat nicht ad infinitum modifiziert werden könnte. Müßten wir jedesmal von einer Bedeutungsveränderung ausgehen, stünden wir vor einem infiniten Lexikon.
12 Vgl. 1967a: 119. Wie Davidson vernachlässigen wir das Tempus der analysierten Sätze, vgl. dazu 1967a: 123f.
13 Vgl. insbesondere 1985d: 228f. und 1969a: 180. Siehe auch W. Künne, »Handlungs- und andere Ereignissätze. Davidsons Frage nach ihrer ›logischen Form‹«, in: *Grazer Philosophische Studien* 39 (1991), S. 27-49. Künne macht einen interessanten Vorschlag zur Lösung des Problems. Im Gegensatz zu Davidson ist er jedoch bereit, auch Eigenschaften in seine Ontologie aufzunehmen.
Die Ereignisontologie kann natürlich auch extern kritisiert werden. So versuchen verschiedene Autoren zu zeigen, daß Ereignisse theoretisch überflüssig sind, weil adverbiale Modifikation auch mit einer sparsameren Ontologie analysiert werden könne. So die von Montague, Clark und Parsons entwickelte ›Modifier‹-Theorie. Sie kommt ohne Ereignisse aus, ist nicht auf ›restriktive‹ Adverbien beschränkt, operiert je-

doch mit einem komplexeren logischen Apparat. Vgl. J. Bennett, »Adverb-Dropping Inferences and the Lemmon Criterion«, in: E. LePore u. B. McLaughlin (Hg.), *Actions and Events*, a.a.O., S. 194; T. Horgan, »Substitutivity and the Causal Connective«, in: *Philosophical Studies* 42 (1982), S. 51. Jaegwon Kim hingegen versucht, Ereignisse nicht als datierte Individuen zu verstehen, sondern mit Hilfe von Eigenschaften zu spezifizieren. Vgl. J. Kim, »On the Psycho-Physical Identity Theory«, in: *American Philosophical Quarterly* 3 (1966), S. 277-285.

14 Vgl. W. Künne, *Abstrakte Gegenstände*, Frankfurt/M. 1980, S. 234, dessen Formulierung ich jedoch im Sinne Davidsons geändert habe, vgl. 1969a: 163.

15 Vgl. W.V.O. Quine, »Events and Reification«, a.a.O., S. 166f.; E. LePore, »The Semantics of Action, Event, and Singular Causal Sentences«, in: ders. u. B. McLaughlin (Hg.), *Actions and Events*, a.a.O., S. 160.

16 Vgl. J. Bennett, »Adverb Dropping Inferences ...«, a.a.O., S. 200f.

17 Zudem drängt sich die Frage auf, ob (I_M) tatsächlich materielle Objekte individuiert. Prima facie sieht es nicht danach aus, es sei denn, wir übernähmen Quines Begriff des ›physical object‹ gleich mit. Davon nämlich gibt es so viele, wie es Raum-Zeit-Stellen (und Kombinationen davon, egal wie verstreut) gibt. Davidsons Begriff des materiellen Objekts aber ist ein alltagssprachlicher.

Auch Davidsons Insistenz auf der Verschiedenheit von Ereignis und materiellem Ding wirft Probleme auf. Wenn uns das Identitätskriterium für eine Gegenstandskategorie K deren kategoriespezifisches Merkmal liefern soll, erscheint es unplausibel, zwei Kategorien mit demselben Identitätskriterium unterscheiden zu wollen. Doch Davidson sagt: »Aufgrund meines Interesses an der impliziten Metaphysik unserer Sprache ist dies eine Unterscheidung, die ich nicht aufgeben will« (Given my interest in the metaphysics implicit in our language, this is a distinction I do not want to give up) (1985c: 176). Um sie aufrechtzuerhalten, beruft er sich auf »unsere Prädikate, unsere grundlegende Grammatik, unsere Sortierverfahren« (our predicates, our basic grammar, our ways of sorting). Ob es sich bei der gebundenen Variablen, die wir betrachten, um ein materielles Objekt oder ein Ereignis handelt, soll sich nun aus deren Beschreibung ergeben. Gleichzeitig scheint diese Überlegung den Druck, den die Forderung nach einem Identitätskriterium ausübt, etwas zu mildern, denn sobald es sich um eine Subspezies von Ereignissen oder materiellen Objekten handelt, verfügen wir offenbar über Methoden der Individuation. Daß diese nicht ohne weiteres zu spezifizieren und möglicherweise vom Modus der Beschriebenheit der jeweiligen Entität nicht abzulösen sind, paßt zudem gut zu weiter unten angemeldeten Zweifeln an der Tragfähigkeit der Idee einer beschreibungsunabhängigen Ontologie.

18 Vgl. 1971a: 195. Hinzu kommt, daß Kontexte wie (4') *intensional* sind; Davidson bezeichnet sie als ›quasi-intensional‹, denn aus dem Satz ›Mary erschoß den Einbrecher absichtlich‹ und (5) folgt zwar nicht, daß sie ihren Vater absichtlich erschoß, wohl aber, *daß* sie ihn (mindestens einmal) erschoß (vgl. 1985d: 225f.). Nicht so dagegen bei folgendem Beispiel: ›Mary glaubt, daß Pegasus Flügel hat.‹ Dieser Satz kann problemlos wahr sein, ohne daß Pegasus existiert.

19 Vgl. 1971a: 46; W. Künne, »Handlungs- und andere Ereignissätze«, a.a.O, S. 40. Davidson selbst erklärt Kriterium (A) für unzureichend, weil es über sprachliche Entitäten quantifiziert. Künne kreidet ihm nicht ganz zu Unrecht an, keinen Verbesserungsvorschlag anzubieten, und liefert deshalb selber einen: »Ereignis e ist eine Handlung der Person A genau dann, wenn es eine Hinsicht gibt, in der e ein absichtliches Tun von A ist« (ebenda). Ich sehe jedoch auch hier den Gegenstand nicht, auf den das Prädikat ›ist intentional‹ zutreffen soll: gibt es intentionale Ereignisse? (So auch Geert Keil, pers. Korrespondenz.) Auch das Problem, wie intentionale und unintentionale Ereignisse identisch sein sollen, stellt sich erneut. Lesen wir Davidson jedoch mit Argusaugen, so finden wir immerhin die Empfehlung, analog zu propositionalen Einstellungen zu verfahren, die sprachliche Entität also als Äußerung aufzufassen (vgl. 1985e: 234f.; 1971a: 196, Anm. 12). Äußerungen aber sind Ereignisse.

20 Vgl. insbesondere J. J. Thomsons berühmten Aufsatz »The Time of A Killing«, in: *Journal of Philosophy* 68 (1971), S. 115-132. Siehe auch R. Stoecker, »Reasons, Actions, and their Relationship«, Report No. 69/1991, Research Group on Mind and Brain, ZiF, Bielefeld University, S. 12 ff.
21 Mit dieser Deutung steht Davidson keineswegs allein; die Ereignishaftigkeit mentaler Zustände wird nicht nur in der analytischen Diskussion weitgehend anerkannt, sondern dieser Ansatz findet sich schon in der phänomenologischen Tradition von Husserl bis Brentano. Zudem handelt es sich für Davidson dabei nur scheinbar um die Entscheidung einer offenen Frage. Das *Principle of Charity* indessen fordert, in den elementarsten Fällen der Zuschreibung den Gegenstand einer Überzeugung mit ihrer Ursache zu identifizieren. Nur Ereignisse aber haben Ursachen. Dennoch liefert Davidson kein Argument für diese Identifikation, das von einem allgemeinen Physikalismus unabhängig wäre.
22 Wer wie z. B. Fodor an einer wissenschaftlichen Psychologie interessiert ist, kann an dieser Stelle darauf verweisen, daß Spezialwissenschaften wie Geologie oder Biologie trotz der Ceteris paribus-Klauseln in ihren Gesetzen Wissenschaften sind – andernfalls wäre nur die ideale Physik eine. Warum also von psychologischen Gesetzen mehr verlangen als von geologischen? (Vgl. z. B. J. Fodor, »Making Mind Matter More«, in: *Philosophical Topics* 17 (1989), S. 63 f., siehe auch ders., *Psychosemantics*, Cambridge, Mass. 1987.) Für Davidson jedoch besteht ein prinzipieller Unterschied zwischen spezialwissenschaftlichen Terminologien und intentionalistischem Vokabular: Die Prädikate ersterer hält er für nomologisch reduzierbar auf die der idealen Physik. Intentionale Prädikate hingegen können laut Davidson aus apriorischen Gründen nicht auf physikalische reduziert werden.
23 John Searle sieht das anders. In *Intentionality* (Cambridge 1983, S. 135-140) schlägt er vor, zwischen zwei Arten von Intentionen zu differenzieren, ›prior intentions‹ und ›intentions in action‹, und ein Ereignis nur dann eine intentionale Handlung zu nennen, wenn die erste die zweite verursachte. Da aber noch dies Raum läßt für Abweichungen (vgl. Searles

Beispiel 2, S. 136), fügt er als weitere Bedingung an, die Intention müsse eine ›planbare Regularität‹ (ebenda, S. 140) exemplifizieren. Was für jemanden planbar ist, hängt jedoch vom Rest seiner Überzeugungen ab, erscheint insofern nie vollständig explizierbar.

24 In »Actions, Reasons, and Causes« (1963a) ist Davidson davon ausgegangen, daß der Begriff der Intention synkategorematisch ist, also »sich nicht so auffassen läßt, als bezöge er sich auf eine Entität, einen Zustand, eine Disposition oder ein Ereignis« (8). Grundlegend für die Handlungstheorie, so die dortige Davidson-Position, ist der Begriff des Handelns mit einer Absicht (vgl. EAE: xiii). Doch die Akzeptanz bloßer Absichten zwingt Davidson, diese These zu widerrufen: Die Rede von bloßen Absichten läßt sich nicht im Rekurs auf den Begriff des Handelns mit einer Absicht erklären.

25 Den logischen Operator ›prima facie‹ entlehnt Davidson aus der Moralphilosophie. »In logischer Grammatik ist ›prima facie‹ kein Operator für einzelne Sätze, noch viel weniger für Handlungsprädikate, sondern für Paare von Sätzen, die so zusammenhängen, daß sie ein [...] Urteil und seine Begründung ausdrücken« (1970c: 38). Formalisieren wir Satz (11), so erhalten wir:

(11') (x) (pf (x ist vollziehenswert; x ist das Essen von etwas Süßem). (Vgl. 1970c: 38; 1978a: 97ff.)

Aus (11') und Überzeugung (2) folgt:

(12) pf (a ist vollziehenswert; (1') und (2)).

Auch (12) bleibt konditional und läßt sich nicht einmal dahingehend kürzen, daß man sagen dürfte ›a ist prima facie vollziehenswert‹; diese Redeweise ist elliptisch für ›vollziehenswert insofern sie vom Typ T ist‹ bzw. ›vollziehenswert aus den und den Gründen‹. Vgl. dazu Th. Spitzley, »Davidson and Hare on Evaluations«, in: *Ratio (New Series)* 3 (1990), S. 48-63.

26 Siehe u.a. 1970c: 41; 1985b: 139; 1985: 350. Vgl. auch Th. Spitzley, »Davidson and Hare on Evaluations«, a.a.O., S. 54ff.

27 Solche Grenzziehungen betrachtet Davidson als rein analytische Mittel, die es erlauben, die Kausaltheorie auch auf Phänomene der Irrationalität auszudehnen. Sie sind nicht als

Beitrag zur Psychoanalyse intendiert. Dieses Davidsonsche Manöver ist eines der wenigen, wo er selbst seinen Holismus des Mentalen einzuschränken bereit ist.

28 Vgl. R. Jeffrey, *The Logic of Decision*, New York 1965.

29 Die Zuschreibungsbedingungen von Überzeugungen und Präferenzen werden dabei durch ihre Interdependenz mit Handlungsbeschreibungen weiter restringiert: Überzeugungen müssen nicht nur als wahr und miteinander konsistent interpretiert werden, sondern sie müssen zudem mit den Handlungen des Akteurs konsistent im Sinne des *Principle of Continence* sein. Auch die Zuschreibung von Präferenzen erweist sich in diesem Zusammenhang als nicht völlig freischwebend. Präferenzen müssen im großen und ganzen transitiv sein, das heißt, wenn jemand Option a Option b vorzieht, und b wiederum c, dann ist es sehr schwer verständlich, wie er gleichzeitig c a vorziehen könnte (vgl. 1986a: 208). Zudem muß unterstellt werden, daß in den grundlegendsten Fällen die Pro-Einstellungen von Interpret und Handelndem übereinstimmen, sonst wird schlüssige Interpretation schlicht unmöglich: Ein in sich stimmiges Überzeugungssystem könnte mit jeder Art von Handlungsinterpretation kompatibel gemacht werden, wäre die Zuschreibung von Präferenzen nur abwegig genug. Einzelne Präferenzen, das schließt gute Interpretation keineswegs aus, können denkbar exzentrisch sein; sie müssen lediglich als solche erkennbar bleiben.

V. Sprache und Welt:
Davidsons ›Neuer Antisubjektivismus‹

1 R. Bubner, »Wohin tendiert die analytische Philosophie?«, in: *Philosophische Rundschau* 34 (1987), S. 278.

2 D. Larson, »Correspondence and the Third Dogma«, in: *Dialectica* 41 (1987), S. 234.

3 P. Bieri, »Einleitung: Dritter Teil. Philosophischer Skeptizismus«, in: ders. (Hg.), *Analytische Philosophie der Erkenntnis*, Frankfurt/M. 1987, S. 301.

4 D. Frede, »Beyond Realism and Anti-Realism. Rorty on Hei-

degger and Davidson«, in: *Review of Metaphysics* 40 (1987), S. 750.

5 Davidson benutzt das sogenannte ›Frege-Argument‹, um zu zeigen, daß die Rede von einer Korrespondenzrelation zwischen Fakten und Sätzen bzw. Überzeugungen sinnlos ist. (Vgl. u.a. 1975: 41f.; 1989: 303.) Es handelt sich dabei um ein Argument, das Alonzo Church formalisiert und Frege zugeschrieben hat. (Vgl. A. Church, *Introduction to Mathematical Logic*, Vol. 1, Princeton 1956, S. 24 f.) Mit dem Frege-Argument soll für beliebige Satzoperatoren, die auf extensionale Kontexte anwendbar sind, gezeigt werden, daß sie wahrheitswertfunktional sein müssen. Der Satzoperator ›x korrespondiert dem Faktum, daß p‹ erlaubt für p extensionale Kontexte: in dem Satz »›Die Katze ist auf der Matte‹ korrespondiert dem Faktum, daß die Katze auf der Matte ist« kann z. B. ›Katze‹ durch ›mein Lieblingshaustier‹ ersetzt werden, ohne daß sich der Wahrheitswert ändert, also: »›Die Katze ist auf der Matte‹ korrespondiert dem Faktum, daß mein Lieblingshaustier auf der Matte ist«. Dann aber gilt laut Frege-Argument, daß dieser Satzoperator wahrheitswertfunktional ist. Damit kann jeder Satz, der denselben Wahrheitswert hat wie x, für p eingesetzt werden. Wir wären damit gezwungen zu sagen, jeder Satz, der einem Faktum korrespondiert, korrespondiere allen bestehenden Fakten bzw., wie Davidson liebenswürdig vorschlägt, dem ›Großen Faktum‹. Seine Schlußfolgerung: Von einem Satz zu sagen, er korrespondiere mit den Fakten, liefert nicht mehr Information als die Aussage, er sei wahr; Wahrheit läßt sich nicht mit Korrespondenz erklären. (Vgl. auch S. Evnine, *Donald Davidson*, Stanford 1990, S. 136 u. S. 180 ff. für eine formale Erläuterung des Arguments und weitere Literatur dazu.)

6 Ganz so einfach ist die Sache jedoch nicht. Zum einen gibt es durchaus Formen des Externalismus, die die Autorität der Ersten Person gefährden, z. B. Putnams szientistischen Essentialismus, der beispielsweise die Referenz der sogenannten ›natural kind terms‹ als wissenschaftlich zu entdeckende Essenz einer Art bestimmt. (Vgl. u.a. H. Putnam, »The Meaning of ›Meaning‹«, in: ders., *Mind, Language and Reality*, Cam-

bridge 1975.) Es bliebe also genau zu zeigen, wieso Davidsons Version des Externalismus dieser Gefahr entgeht. (Vgl. A. Bilgrami, »Thought and its Object«, in: *Consciousness*, hrsg. v. E. Villanueva (1991), S. 217 ff.) Zudem ist die Frage, ob es ausreicht zu zeigen, daß spezifische Formen des Externalismus nicht mit der Autorität der Ersten Person konfligieren, oder ob diese nicht vielmehr einer substantielleren Erklärung bedarf. (Vgl. A. Bilgrami, »Self-Knowledge and Resentment«, unv. Manuskript.)

7 Für die Unhaltbarkeit der ersten beiden ›Dogmen‹ hat Quine in seinem einflußreichen Artikel »Two Dogmas of Empiricism« (in: ders., *From a Logical Point of View*, Cambridge, Mass. 1953, S. 20-46) argumentiert. Es handelt sich dabei einmal um die Unterscheidung analytischer von synthetischen Sätzen. »Das andere Dogma ist der Reduktionismus: die Überzeugung, daß jede sinnvolle Aussage Äquivalent einer logischen Konstruktion aus Termen sei, die sich auf unmittelbare Erfahrung beziehen« (ebenda, S. 20).

8 W.V.O. Quine, *Word and Object*, Cambridge, Mass. 1960, S. 5.

9 Vgl. G. Keil, *Was leisten transzendentale Argumente?*, Hamburg 1987 (unv. Staatsexamensarbeit), S. 140.

10 R. Rorty, »Transcendental Arguments, Self-Reference, and Pragmatism«, in: *Transcendental Arguments and Science*, hrsg. v. P. Bieri, Dordrecht 1979, S. 78.

11 Vgl. Th. Kuhn, *Die Struktur wissenschaftlicher Revolutionen*, Frankfurt/M. 1976, S. 123 ff.

12 Vgl. B. L. Whorf, *Language, Thought, and Reality*, Cambridge, Mass. 1956.

13 W.V.O. Quine, *Word and Object*, a.a.O., S. 29.

14 B. T. Ramberg, *Donald Davidson's Philosophy of Language*, New York 1989, S. 85.

15 Vgl. J. E. Malpas, »Ontological Relativity in Quine and Davidson«, in: *The Mind of Donald Davidson*, hrsg. v. J. Brandl u. W. L. Gombocz (= *Grazer Philosophische Studien* 36 (1989)), S. 157-178; ders., »Holism and Indeterminacy«, in: *Dialectica* 45 (1991), S. 47-58.

VI. Anomaler Monismus: Identitätstheorie von Geist und Materie

1 J. Haugeland, »Weak Supervenience«, in: *American Philosophical Quarterly* 19 (1982), S. 93-103.
2 J. Kim, »Psychophysical Laws«, in: E. LePore u. B. McLaughlin (Hg.), *Actions and Events*, Oxford 1985, S. 386.
3 Wegen reduktionistischer Konnotationen wehrt Davidson sich gegen jede Charakterisierung seiner Position als physikalistisch (so auch u. a. im Interview unten). ›Physikalismus‹ ist zugegebenermaßen eines jener uneinheitlich verwendeten *labels* mit gefährlicher Affinität zur Polemik. Dieses wird allerdings selten in schmählicher Absicht vergeben. Wer wie Davidson trotz Anti-Reduktionismus eine Supervenienzthese vertritt, hält indessen m.E. an einem Minimalphysikalismus fest. Es sei an dieser Stelle auch darauf hingewiesen, daß die Annahme, nur eine ideale Physik kenne strikte Gesetze, Davidson auf die These verpflichtet, *jedes* (kausal effektive) Ereignis sei ein phys(ikal)isches.
4 Vgl. H. Putnam, »The Meaning of ›Meaning‹«, in: ders., *Mind, Language, and Reality*, Cambridge 1975, S. 223 ff.
5 Ich denke, Davidson wäre besser beraten, Putnams Deutung des Gedankenexperiments nicht zu akzeptieren. Sie verdankt sich in diesem Beispiel nur Putnams spezifischer Variante des Externalismus, seinem szientistischen Essentialismus. Aus der Sicht des Davidsonschen Interpreten erscheint die Signifikanz der Putnamschen Gründe, Donald und Zwonald verschiedene Überzeugungen zuzuschreiben, fragwürdig. Die fraglichen Überzeugungen spielen schließlich in deren Überzeugungssystemen identische inferentielle Rollen, da weder Donald noch Zwonald per definitionem über irgendwelche chemischen Kenntnisse verfügen. Und gegenüber der Idee der Essenz einer natürlichen Art, auch und gerade einer wissenschaftlich zu entdeckenden, sollte der Radikalinterpret skeptisch sein. Zudem sind es just die Putnamschen Prämissen, die mit der plausiblen Annahme einer besonderen Autorität der Ersten Person kollidieren (vgl. oben, Kapitel V). Dennoch ist Davidson auf die generelle Konklu-

sion des Argumentes angewiesen; sein Anomaler Monismus lebt von der These, daß der mentale Ereignistyp eines Ereignisses nicht durch seinen physikalischen Typ determiniert ist. Doch dafür kann Davidson argumentieren wie gehabt, also sich auf die Inkommensurabilität der Individuationsverfahren der beiden Diskurse berufen.

6 Vgl. u.a. M. Johnston, »Why Having a Mind Matters«, in: E. LePore u. B. McLaughlin (Hg.), *Actions and Events*, a.a.O., S. 416; J. Kim, »Concepts of Supervenience«, in: *Philosophy and Phenomenological Research* 45 (1984), S. 153-176; ders., »The Myth of Nonreductive Materialism«, in: *Proceedings of the American Philosophical Association* 63 (1989), S. 31-47.
7 Vgl. J. Kim, »Concepts of Supervenience«, a.a.O., S. 172.
8 Vgl. J. Kim, »The Myth of Nonreductive Materialism«, a.a.O., S. 37 ff.
9 Vgl. ebenda, S. 38.
10 J. Fodor, »Making Mind Matter More«, in: *Philosophical Topics* 17 (1989), S. 59.
11 Für weitere Literatur siehe E. LePore u. B. Loewer, »Mind Matters«, in: *Journal of Philosophy* 84 (1987), S. 634.
12 J. Haugeland, »Weak Supervenience«, a.a.O.
13 Vgl. ebenda, S. 101; siehe auch D. Leder, »Troubles with Token Identity«, in: *Philosophical Studies* 47 (1985), S. 79-94.
14 Dieser Punkt ist nicht zu verwechseln mit dem Vorwurf, den Evnine mit viel Getöse gegen Davidson erhebt. Er versucht, Davidson die unausgewiesene Verwendung zweier Begriffe propositionalen Gehalts (›content‹) nachzuweisen: eines ›idealistischen‹ und eines ›realistischen‹. Evnine argumentiert, Davidsons bedeutungstheoretischer Begriff propositionalen Gehalts sei idealistisch, weil sich die Zuschreibung propositionaler Einstellungen gemäß dem *Principle of Charity* rein normativen Gesichtspunkten verdanke. Er übersieht dabei die essentielle Rolle von Kausalhypothesen und den Rekurs auf externe Objekte in Davidsons Externalismus. Sie lassen die Verwendung des Begriffes ›idealistisch‹ in diesem Zusammenhang unmotiviert erscheinen. Davidson: »Ist es idealistisch, eine Entfernung als einen Meter lang zu bestimmen?« (Im Gespräch.) Im Kontext kausaler Erklärungen sei

Davidson demgegenüber jedoch implizit auf eine realistische Theorie der Zuschreibung propositionalen Gehalts festgelegt, so Evnine. Doch die vermeintliche Spannung scheint sich einer weitverbreiteten Mißdeutung des Davidsonschen Supervenienzprinzips zu verdanken, jener nämlich, die Supervenienz im Widerspruch zu einem epiphänomenalistischen Anomalen Monismus sieht. (Vgl. S. Evnine, *Donald Davidson*, Stanford 1991, S. 23 f. und S. 155 ff.)

Literaturhinweise

1. Schriften von Donald Davidson

a) Sammelbände

Essays on Actions and Events, Oxford 1980, dt.: Handlung und Ereignis, Frankfurt/M. 1990 (=EAE).
Inquiries into Truth and Interpretation, Oxford 1984, dt.: Wahrheit und Interpretation, Frankfurt/M. 1990 (=ITI).
Der Mythos des Subjektiven, Stuttgart 1993.

b) Aufsätze in chronologischer Reihenfolge

1963	»The Method of Extension and Intension«, in: *The Philosophy of Rudolf Carnap*, hrsg. v. P. Schilpp, La Salle 1963, S. 311-349.
1963a	»Actions, Reasons, and Causes«, in: EAE, S. 3-19.
1965	»Theories of Meaning and Learnable Languages«, in: ITI, S. 3-16.
1967	»Truth and Meaning«, in: ITI, S. 17-36.
1967a	»The Logical Form of Action Sentences«, in: EAE, S. 105-148.
1967b	»Causal Relations«, in: EAE, S. 149-162.
1968	»On Saying That«, in: ITI, S. 93-108.
1969	»True to the Facts«, in: ITI, S. 37-54.
1969a	»The Individuation of Events«, in: EAE, S. 163-180.
1970	»Semantics for Natural Languages«, in: Davidson 1984: S. 55-64.
1970a	»Mental Events«, in: EAE, S. 207-227.
1970b	»Events as Particulars«, in: EAE, S. 181-187.
1970c	»How is Weakness of the Will Possible?«, in: EAE, S. 21-42.
1971	»Agency«, in: EAE, S. 43-62.

1971a	»Eternal vs. Ephemeral Events«, in: EAE, S. 189-203.
1973	»In Defence of Convention T«, in: ITI, S. 65-75.
1973a	»Radical Interpretation«, in: ITI, S. 125-140.
1973b	»The Material Mind«, in: EAE, S. 245-259.
1973c	»Freedom to Act«, in: EAE, S. 63-81.
1974	»On The Very Idea of a Conceptual Scheme«, in: ITI, S. 183-198.
1974a	»Belief and the Basis of Meaning«, in: ITI, S. 141-154.
1974b	»Replies to D. Lewis and W.V. Quine«, in: *Synthese* 27, S. 345-349.
1974c	»Psychology as Philosophy«, in: EAE, S. 229-238.
1975	»Thought and Talk«, in: ITI, S. 155-170.
1976	»Reply to Foster«, in: ITI, S. 171-180.
1976a	»Hempel on Explaining Action«, in: EAE, S. 261-276.
1976b	»Hume's Cognitive Theory of Pride«, in: EAE, S. 277-290.
1977	»The Method of Truth in Metaphysics«, in: ITI, S. 199-214.
1977a	»Reality Without Reference«, in: ITI, S. 215-226.
1978	»What Metaphors Mean«, in: ITI, S. 245-264.
1978a	»Intending«, in: EAE, S. 83-102.
1979	»The Inscrutability of Reference«, in: ITI, S. 227-242.
1979a	»Moods and Performances«, in: ITI, S. 109-122.
1980	»Toward a Unified Theory of Meaning and Action«, in: *Grazer Philosophische Studien* 11, S. 1-12.
1982	»Empirical Content«, in: *Truth and Interpretation. Perspectives on the Philosophy of Donald Davidson*, hrsg. v. E. LePore, New York 1986, S. 320-332.
1982a	»Communication and Convention«, in: ITI, S. 265-280.
1982b	»Paradoxes of Irrationality«, in: *Philosophical Essays on Freud*, hrsg. v. R. Wollheim u. J. Hopkins, Cambridge 1982.
1982c	»Rational Animals«, in: *Dialectica* 36, S. 317-328.
1983	»A Coherence Theory of Truth and Knowledge«, in: E. LePore (Hg.) 1986, S. 307-319.
1984	»First Person Authority«, in: *Dialectica* 38, S. 101-111.
1985	»Incoherence and Irrationality«, in: *Dialectica* 39, S. 345-354.

1985a	»A New Basis for Decision Theory«, in: *Theory and Decision* 18, S. 87-98.
1985b	»Deception and Division«, in: *Actions and Events. Perspectives on the Philosophy of Donald Davidson*, hrsg. v. E. LePore u. B. McLaughlin, Oxford 1985, S. 138-148.
1985c	»Reply to Quine on Events«, in: LePore u. McLaughlin (Hg.) 1985, S. 162-171.
1985d	»Replies«, in: *Essays on Davidson. Actions and Events*, hrsg. v. B. Vermazen u. M. B. Hintikka, Oxford 1985, S. 195-229 u. S. 242-252.
1985e	»Adverbs of Action«, in: B. Vermazen u. M. B. Hintikka (Hg.) 1985, S. 230-241.
1986	»A Nice Derangement of Epitaphs«, in: E. LePore (Hg.) 1986, S. 433-446.
1986a	»Judging Interpersonal Interests«, in: *Foundations of Social Choice Theory*, hrsg. v. J. Elster u. A. Hylland, Cambridge,UK 1986, S. 195-211.
1987	»Knowing One's Own Mind«, in: *Proceedings and Adresses of the American Philosophical Association* (1987), S. 441-458.
1987a	»Afterthoughts, 1987«, in: *Reading Rorty*, hrsg. v. A. R. Malachowski, Oxford 1990, S. 134-138.
1987b	»Problems in the Explanation of Action«, in: *Metaphysics and Morality*, hrsg. v. P. Pettit u.a., Oxford 1987, S. 35-49.
1988	»Reply to Burge«, in: *Journal of Philosophy* 85, S. 664-666.
1989	»The Structure and Content of Truth. The Dewey Lectures 1989«, in: *Journal of Philosophy* 87 (1990), S. 279-328.
1989a	»The Myth of the Subjective«, in: *Relativism: Interpretation and Confrontation*, hrsg. v. M. Krausz, Notre Dame, Ind. 1989, S. 159-172, auch in: *Der Mythos des Subjektiven*, S. 84-107.
1989b	»What is Present to the Mind?«, in: *The Mind of Donald Davidson*, hrsg. v. J. Brandl u. W. Gombocz, *Grazer Philosophische Studien* 36 (1989), S. 3-18, auch in: *Der Mythos des Subjektiven*, S. 16-39.

1989c	»The Conditions of Thought«, in: J. Brandl u. W. Gombocz (Hg.) 1989, S. 193-200, auch in: *Der Mythos des Subjektiven*, S. 5-15.
1990	»Meaning, Truth, and Evidence«, in: *Perspectives on Quine*, hrsg. v. R. Barrett u. R. Gibson, Oxford 1990, S. 68-79, auch in: *Der Mythos des Subjektiven*, S. 40-64.
1990a	»Representation and Interpretation«, in: *Modelling the Mind*, hrsg. v. W. H. Newton-Smith u. a., Oxford 1990, S. 13-26.
1990b	»Turing's Test«, in: *Modelling the Mind*, hrsg. v. W. H. Newton-Smith u. K. V. Wilkes, Oxford 1990, S. 1-11.
1991	»Thinking Causes«, Report No. 67, Research Group on Mind and Brain, Center for Interdisciplinary Research (ZiF), Bielefeld University.
1991a	»James Joyce and Humpty Dumpty«, in: *Midwest Studies in Philosophy* XVI, hrsg. v. P. French, T. E. Uehling, H. Wettstein, Notre Dame, Ind. 1991, S. 1-12.
1991b	»Epistemology Externalized«, in: *Dialectica* 45, S. 191-202, auch in: *Der Mythos des Subjektiven*, S. 65-83.
1991c	»Subjective, Intersubjective, Objective«, in: *Merkur* 512, S. 999-1014.
1991d	»Three Varieties of Knowledge«, in: *A. J. Ayer: Memorial Essays*, hrsg. v. A. Phillips Griffiths, Cambridge 1991, S. 153-166.
1992	»The Second Person«, in: *Midwest Studies in Philosophy* XVII, hrsg. v. P. French, T. E. Uehling, H. Wettstein, Notre Dame, Ind. 1992.
1992a	»The Third Man«, Katalog für *Robert Morris: Blind Time for Drawings with Davidson*, The Frank Martin Gallery, Mühlenberg College, Allentown, Penn.
1992b	»The Socratic Concept of Truth«, in: *The Philosophy of Socrates*, hrsg. v. K. J. Boudouris, Athens 1992, S. 51-58.
1992c	»Dialectic and Dialogue«, Hegel-Preis-Vortrag, MS.
1992d	»Indeterminism and Anti-Realism«, unv. MS.
1993	»Locating Literary Language«, unv. MS.
1993a	»The Social Aspect of Language«, unv. MS.
1993b	»Metaphysics and Method«, unv. MS.

D. Davidson u. D. Koppelberg: »Analytische Philosophie ohne empiristische Dogmen«, in: *Information Philosophie* 11 (1983): Heft 1, S. 18-21; Heft 2, S. 18-25.

2. Ausgewählte Sekundärliteratur

Bilgrami, A.: »Thought and its Objects«, in: *Consciousness*, hrsg. v. E. Villanueva, 1991, S. 215-232.
— *Belief and Meaning*, Oxford 1992.
Bieri, P. (Hg.): *Analytische Philosophie der Erkenntnis*, Frankfurt/M. 1987.
Bittner, R.: »Verständnis für Unvernünftige«, in: *Zeitschrift für philosophische Forschung* 43 (1989), S. 577-592.
Brandl, J. u. Gombozc, W. L. (Hg.): *The Mind of Donald Davidson*, Amsterdam 1989 (*Grazer Philosophische Studien* 36).
Bubner, R.: »Wohin tendiert die analytische Philosophie?«, in: *Philosophische Rundschau* 34 (1987), S. 257-281.
Evans, G. u. McDowell, J. (Hg.): *Truth and Meaning. Essays in Semantics*, Oxford 1976.
Evnine, S.: *Donald Davidson*, Stanford 1991.
Fodor, J.: »Making Mind Matter More«, in: *Philosophical Topics*, 17 (1989), S. 59-80.
— /E. LePore: *Holism. A Shopper's Guide*, Cambridge 1992.
Frede, D.: »Beyond Realism and Anti-Realism: Rorty on Heidegger and Davidson«, in: *Review of Metaphysics* 40 (1987), S. 733-757.
Hacking, I.: *Why does Language matter to Philosophy?*, Cambridge, UK 1975.
— »On the Frontier«, in: *New York Review of Books* (20.12.1984), S. 54-58.
Haugeland, J.: »Weak Supervenience«, in: *American Philosophical Quarterly* 19 (1982), S. 93-103.
Horgan, T.: »The Case against Events«, in: *Philosophical Review* 87 (1978), S. 28-47.
— »Substitutivity and the Causal Connective«, in: *Philosophical Studies* 42 (1982), S. 47-52.

Hornsby, J.: »Which Physical Events are Mental?«, in: *Proceedings of the Aristotelian Society* 81 (1980), S. 73-92.

Kim, J.: »Concepts of Supervenience«, in: *Philosophy and Phenomenological Research* 65 (1984), S. 153-176.

— »The Myth of Nonreductive Materialism«, in: *Proceedings and Adresses of the American Philosophical Association* LXII (1989), S. 31- 47.

Künne, W.: »Verstehen und Sinn«, in: *Allgemeine Zeitschrift für Philosophie* 6 (1981), S. 1-16.

— »›Im übertragenen Sinne‹. Zur Theorie der Metapher«, in: *Conceptus* 17 (1983), S. 181-200.

— »Wahrheit«, in: *Philosophie. Ein Grundkurs*, hrsg. v. Ekkehard Martens u. Herbert Schnädelbach, Hamburg 1985, S. 116-171.

— »Prinzipien der wohlwollenden Interpretation«, in: *Intentionalität und Verstehen*, hrsg. v. Forum für Philosophie Bad Homburg, Frankfurt/M. 1990, S. 212-236.

— »Handlungs- und andere Ereignissätze. Davidsons Frage nach ihrer ›logischen Form‹«, in: *Grazer Philosophische Studien* 39 (1991), S. 27-49.

Larson, D.: »Correspondence and the Third Dogma«, in: *Dialectica* 41 (1987), S. 231-237.

— »Tarski, Davidson, and Theories of Truth«, in: *Dialectica* 42 (1988), S. 3-16.

Leder, D.: »Troubles with Token Identity«, in: *Philosophical Studies* 47 (1985), S. 79-94.

LePore, E.: »In Defense of Davidson«, in: *Linguistics and Philosophy* 5 (1984), S. 277-294.

— /McLaughlin, B. (Hg.): *Actions and Events. Perspectives on the Philosophy of Donald Davidson*, Oxford 1985.

— (Hg.): *Truth and Interpretation. Perspectives on the Philosophy of Donald Davidson*, New York 1986.

— /Loewer, B.: »Mind Matters«, in: *Journal of Philosophy* 84 (1987), S. 630-642.

— /Loewer, B.: »More on Making Mind Matter«, in: *Philosophical Topics* 17 (1989), S. 175-191.

— »Subjectivity and Environmentalism«, in: *Inquiry* 33 (1990), S. 197-214.

Lewis, D.: »Radical Interpretation«, in: *Synthese* 27 (1974), S. 331-344.

Malpas, J. E.: »The Nature of Interpretative Charity«, in: *Dialectica* 42 (1988), S. 17-36.

— »Holism and Indeterminacy«, in: Dialectica 45 (1991), S. 47-58.

Mele, A. R.: »Recent Work on Intentional Action«, in: *American Philosophical Quarterly* 29 (1992), S. 199-217.

Parret, H. u. Bouveresse, J. (Hg.): *Meaning and Understanding*, Berlin 1981.

Platts, M.: *Ways of Meaning*, London 1979.

Putnam, H.: »The Meaning of ›Meaning‹«, in: ders.: *Mind, Language, and Reality*, Cambridge 1975.

— »Truth and Convention. On Davidson's Refutation of Conceptual Relativism«, in: *Dialectica* 41 (1987), S. 69-77.

Quine, W.V.O.: *Word and Object*, Cambridge, Mass. 1960.

— »Comment on Donald Davidson«, in: *Synthese* 27 (1974), S. 325-329.

— »On Empirically Equivalent Systems of the World«, in: *Erkenntnis* 9 (1975), S. 313-328.

— »On the Very Idea of a Third Dogma«, in: ders.: *Theories and Things*, Cambridge, Mass. 1981, S. 38-42.

— *Pursuit of Truth*, Cambridge, Mass. 1990.

Ramberg, B.T.: *Donald Davidson's Philosophy of Language. An Introduction*, New York 1989.

Rorty, R.: »Transcendental Arguments, Self-Reference, and Pragmatism«, in: *Transcendental Arguments and Science*, hrsg. v. P. Bieri, Dordrecht 1979, S. 77-103.

— »Non-reductive Physicalism«, in: *Theorie der Subjektivität*, hrsg. v. K. Cramer u. a., Frankfurt/M. 1987, S. 278-298.

Seel, M.: »Am Beispiel der Metapher. Zum Verhältnis von buchstäblicher und figürlicher Rede«, in: *Intentionalität und Verstehen*, hrsg. v. Forum für Philosophie Bad Homburg, Frankfurt/M. 1990, S. 237-272.

Spitzley, Th. u. Craig, E. (transl.): »Davidson and Hare on Evaluations«, in: *Ratio (New Series)* 3 (1990), S. 48-63.

Tarski, A.: *Der Wahrheitsbegriff in den formalisierten Sprachen*, Lemberg 1935.

- »Die semantische Konzeption der Wahrheit und die Grundlagen der Semantik« (1944), in: *Wahrheitstheorien*, hrsg. v. G. Skirbekk, Frankfurt/M. 1977, S. 140-187.
- Thagard, P. u. Nisbett, R. E.: »Rationality and Charity«, in: *Philosophy of Science* 50 (1983), S. 250-267.
- Thomson, J. J.: »The Time of a Killing«, in: *Journal of Philosophy*, 68 (1971), S. 115-132.
- Vermazen, B. u. Hintikka, M. B. (Hg.): *Essays on Davidson. Actions and Events*, Oxford 1985.
- Wiggins, D.: »Meaning, Truth-Conditions, Proposition: Frege's Doctrine of Sense Retrieved, Resumed, and Redeployed in the Light of Certain Recent Criticisms«, in: *Dialectica* 46 (1992), S. 61-90.

Glossar sprachanalytischer Fachtermini

Analytisch-synthetisch-Unterscheidung: Traditionsgemäß werden Sätze als analytisch bezeichnet, deren Wahr- oder Falschheit allein von der Bedeutung der darin vorkommenden Wörter abhängt. Klassisches Beispiel einer analytischen Wahrheit: »Junggesellen sind unverheiratet.« Synthetisch sind Sätze, deren Wahrheitswert durch Beobachtung ermittelt werden muß, also davon abhängt, wie die Welt beschaffen ist. Seit Quines »Two Dogmas of Empiricism« (1951) gilt es als höchst zweifelhaft, ob eine solche Unterscheidung nicht-zirkulär getroffen werden kann.

Äquivok: mehrdeutig. Beispiel: Mit ›ist eine Bank‹ kann sowohl von Kreditinstituten als auch von Sitzmöbeln etwas Wahres gesagt werden.

Extension: Die Klasse aller Gegenstände, die ein Prädikat erfüllen.

Idiolekt: Sprache eines einzelnen, für sich betrachteten Sprechers, auch »Punktsprache« genannt.

Indikatoren: Als Indikatoren werden Bestandteile eines Satzes bezeichnet, deren Sachbezug systematisch von bestimmten Zügen des Äußerungskontextes abhängt. Beispiele: ich, der, dies, jenes, heute.

Intension: Die Intension eines Wortes wird von seinem Sachbezug, d.h. seiner Extension oder Referenz, unterschieden; sie bezeichnet demgegenüber seinen »Sinn« — wie z.B. in Freges berühmtem Beispiel von Abendstern und Morgenstern: der Sachbezug ist derselbe, d.h. die Terme sind koreferentiell, dennoch ist die Intension eine verschiedene. Test: Wenn jemand einen Satz für wahr halten kann, der Term T enthält, ohne denselben Satz für wahr zu halten, wenn T durch U ersetzt wurde, obwohl T und U koreferentiell sind, dann haben T und U verschiedene Intensionen.

Okkasioneller Satz: Satz, dessen Wahr- oder Falschheit von den Bedingungen abhängt, unter denen er geäußert wird. Beispiel: »Das ist grün«. Dieser Satz ist wahr, wenn mit »das« auf etwas Grünes Bezug genommen wird, falsch, wenn nicht.

Prädikat: Als Prädikate werden in der Quantorenlogik diejenigen Bestandteile von Sätzen aufgefaßt, mit denen Eigenschaften zugeschrieben werden. Prädikate sind z.B. »ist grün«, »ist ein Haus«, »hat fünf Ecken«, »ist abstrakt« etc. Prädikate haben eine oder mehrere freie Stellen (»x ist grün«, »x liebt y«), die wie in den Beispielen illustriert von Variablen besetzt werden können, um offene Sätze zu bilden.

Prinzip koreferentieller Substituierbarkeit: Koreferentielle singuläre Terme können ausgetauscht werden, ohne daß der Wahrheitswert des fraglichen Satzes sich ändert (salva veritate). Kontexte, in denen das Prinzip nicht gilt, werden *intensionale Kontexte* genannt.

Propositionale Einstellung: Als propositionale Einstellungen werden psychologische Zustände wie Wünschen, Glauben, Überzeugtsein, Hoffen, Fürchten, Beabsichtigen etc. bezeichnet. Als Grundformen werden Überzeugungen, Wünsche und Absichten (Intentionen) angesehen. Die Bezeichnung leitet sich von dem Versuch einiger analytischer Philosophen her, diese Zustände als Einstellungen zu Propositionen zu verstehen. Propositionen sind abstrakte Gegenstände, deren Inhalt dem von daß-Sätzen entspricht, die zur Beschreibung propositionaler Einstellungen verwendet werden. Beispiel: Fassen wir ›daß p‹ als Proposition auf, so kann ich wünschen, daß p, überzeugt sein, daß p etc.

Quantor: Als Quantoren werden in der nach ihnen benannten Quantorenlogik die Operatoren »für alle x gilt« und »es gibt mindestens ein x, so daß gilt« bezeichnet. Auch mit Quantoren können offene Sätze geschlossen werden.

Quantorenlogik: Die Quantorenlogik wurde von Frege aus dem Prädikatenkalkül entwickelt, um die Funktionsweise von Worten im Satz zu beschreiben, d. h. zu beschreiben, wie sich der Sinn eines Satzes aus dem Sinn seiner Bestandteile aufbaut. (Ich verwende »Sinn« hier alltagssprachlich, nicht gemäß Freges Terminologie.) Die quantorenlogische Notation kennt Prädikate (»ist grün«, »ist ein Haus«, »hat fünf Ecken«, »ist abstrakt«) mit einer oder mehreren freien Stellen (»x ist grün«, »x liebt y«), die wie in den Beispielen illustriert von Variablen besetzt werden können, um offene Sätze zu bilden. In offenen Sätzen können die Variablen durch singuläre Terme oder auch durch Quantoren ersetzt werden, um geschlossene Sätze zu bilden. Sätze können durch wahrheitsfunktionale Junktoren (»und«, »oder«) verknüpft werden.

Referenz: Als Referenz wird der Sachbezug eines singulären Terms bezeichnet.

Singulärer Term: Terme, die (im verwendeten Sinne) von genau einem Gegenstand prädizierbar sind (Namen, Kennzeichnungen). Ein offener Satz, also ein Prädikat mit Variablen, kann mit Hilfe singulärer Terme geschlossen werden.

Type-token Unterscheidung: Ein Typ P von Gegenständen entspricht der Extension des Prädikats ›P‹, d. h. einer Klasse von Gegenständen mit der Eigenschaft, P zu erfüllen. Jeder einzelne dieser Gegenstände ist ein *token* von P.

Zeittafel

1917	Donald Davidson wird am 6. März in Springfield, Massachusetts, geboren.
1939	BA, Harvard University.
1941	MA, Harvard University.
1942-45	Kriegsdienst in der U.S. Navy.
1949	Ph.D., Harvard University, Diss.: *Plato's Philebus*.
1951-56	Assistant Professor, Stanford University.
1956-60	Associate Professor, Stanford University.
1960-67	Professor, Stanford University.
1967-70	Professor, Princeton University.
1970	John Locke Lectures, Oxford University.
1970-76	Professor, The Rockefeller University.
1975	John Dewey Lectures, University of Minnesota.
1976-81	Professor, University of Chicago.
1980	*Essays on Actions and Events*. Seit 1981 Professor, University of California, Berkeley.
1981	Alicante — Konferenz zur Philosophie Davidsons.
1982	Lindley Lectures, University of Kansas.
1984	*Inquiries into Truth and Interpretations*. Rutgers University — Konferenz zur Philosophie Davidsons.
1986	Kant-Lectures, Stanford University.
1988	Bad Radkersburg — Konferenz zur Philosophie Davidsons.
1989	John Dewey Lectures, Columbia University.
1990	Konferenz der National Endowment for the Humanities über Heidegger und Davidson, University of California, Santa Cruz.
1991	Hegel-Preis der Stadt Stuttgart. Autorenkolloquium mit Donald Davidson, Zentrum für interdisziplinäre Forschung, Universität Bielefeld.

Kathrin Glüer, geb. 1966, Studium der Philosophie, Ev. Theologie und Politik an der Universität Hamburg und der University of California in Berkeley. 1991 Magisterarbeit über die Sprachphilosophie Donald Davidsons. 1992/93 Visiting Scholar an der Columbia University, New York. Hauptarbeitsgebiete: Sprachphilosophie und Philosophie des Geistes.

25 prominente Autoren des Fachs
bieten eine Bestandsaufnahme und
Aufgabenbestimmung gegenwärtiger
Philosophie.

Herbert Schnädelbach/Geert Keil (Hg.)
Philosophie der Gegenwart –
Gegenwart der Philosophie
384 Seiten, gebunden
DM 68,-/öS 531,-/sFr 69,-
ISBN 3-88506-218-6

Lyotards Kritik am Totalitätsdenken
der Moderne — hier hat sie ihre
Wurzeln.

Jean-François Lyotard
Die Phänomenologie
190 Seiten, gebunden
DM 38,-/öS 297,-/sFr 39,-
ISBN 3-88506-421-9

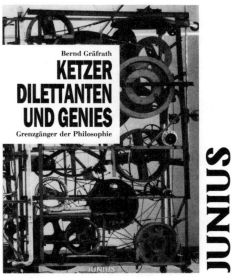

Eine Entdeckungsreise voller Überraschungen zu den Querköpfen und Grenzgängern der Denkerzunft.

Bernd Gräfrath
Ketzer, Dilettanten und Genies
360 Seiten, gebunden
DM 58,-/öS 453,-/sFr 59,-
ISBN 3-88506-227-5